汐見先生の
素敵な子育て

子どもの

学力の基本は好奇心です

Shiomi Toshiyuki
汐見稔幸

旬報社

はじめに

きちんとした学力を身につけてほしい、子育て中のママやパパならだれもがわが子にこう願うのではないでしょうか。自分の子どもに高い学力を期待するのは、単に「いい学校」「いい会社」に入ってほしいということだけでなく、オトナになって仕事をしたり、家庭をいとなんだりしたときに、いい仕事をし、じょうずにアレコレこなす、つまりしっかりとした人間になってほしいと期待するからだと思います。しかし、小学生のときに人より多少計算が速くできるとか、漢字をたくさん書くことができるからといって、そのことが社会に出て直接役に立つことはあまりありません。以前ならいざ知らず、いまは事務的な仕事は大部分コンピューターがやるわけですから、人間にはもっと別の能力が求められます。学力は、人の一生にとって大事なものですが、学力といったときに私たちオトナがどういうイメージをもつかということがもっと大事なのです。

さいきん学力低下が話題になり、いまの学校の勉強では心配だと考えるパパ、ママがふえています。でも、その前に学力っていったいなんなのか、なぜそんなことがいわれるようになったのかを考えてみることが先でしょう。どんな学力や能力が下がっているのか、その原因や背景にはどんなことがあるのか知ること、そうすれば、世間の論調に一喜一憂したり、学力を高めると称して、結局は古い時代の学力を子どもたちに要求したりすることから、多少は自由になれるはずです。

子どものまわりには未知の世界が広がっています。子どもは3歳くらいになると「どうして?」「これはなに?」といろいろなことをきくようになります。知的な能力が高まってくると、知らないことを知りたい、という欲求が自然に拡大していきます。この気持ちは一般に好奇心と呼ばれていますが、好奇心は学力といわれる知的能力の出発点であり、基礎であって、これさえ豊かであれば、オトナになっても知的能力は一生のびていくものです。

また、知的能力の基礎には感情のさまざまな働きがあります。「おもしろい」とか「きれいだな」と感じたり、「くやしい」とか「頭にくる」と思ったとき、思考の世界が自動的に活性化していきます。その感情がしだいに展開してかたちをもってくることを、わたしたちは論理といっています。だから、論理的に考えるみなもとは、感情の豊かさと、それをかたちにしようとする意志なのです。

この本は、そもそも学力とはなんなのかということを、いくつかの角度から考えたうえで、それを前提にしたときに、では、学力をのばすのに親はどんなサポートをすればよいかということを論じます。あわせて、早期教育や中学受験をどう考えればよいかなど、子育て中のパパ、ママにとっての実際的な問いや悩みをとりあげて、そののりきり方やノウハウを考えます。

この本を、わが子の幸せを願うすべてのママとパパにおくります。

2008年3月

汐見　稔幸

第1章 子どもたちの学力が落ちてきた

第2章 学力の土台をつくろう

第3章

子どもの学力のために家庭でできること

カバーデザイン・イラスト ● はやかわりか
本文デザイン・イラスト
DTP ● (株)アイテム

第1章

子どもたちの学力が落ちてきた

日本の子どもたちはどうしたの？

下がり続ける読解力

1995年くらいからなのですが、日本の子どもたちの学力低下がいわれるようになりました。すこし前まで、教育をめぐる最大の問題は「いじめ」といわれていましたが、いじめ問題は二の次になって、最近では学力低下ばかりがいわれるようになっているような気がします。

日本の子どもは、かつてはよく勉強するといわれていました。しかし、さまざまな調査結果によれば、いまでは、塾に行っている時間以外、家庭で勉強している子どもはほとんどいないということがわかってきています。読んでいる本の冊数にしても、15歳の調査ですが、世界の主要国で最下位に近いらしいのです。

「読解力」の国際順位と点数

	2000年（32カ国）		2003年（41カ国・地域）		2006年（57カ国・地域）	
1	フィンランド	546	フィンランド	543	韓国	556
2	カナダ	534	韓国	534	フィンランド	547
3	ニュージーランド	529	カナダ	528	香港	536
4	オーストラリア	528	オーストラリア	525	カナダ	527
5	アイルランド	527	リヒテンシュタイン	525	ニュージーランド	521
6	韓国	525	ニュージーランド	522	アイルランド	517
7	イギリス	523	アイルランド	515	オーストラリア	513
8	日本	522	スウェーデン	514	リヒテンシュタイン	510
9	スウェーデン	516	オランダ	513	ポーランド	508
10	オーストリア	507	香港	510	スウェーデン	507
11	ベルギー	507	ベルギー	507	オランダ	507
12	アイスランド	507	ノルウェー	500	ベルギー	501
13	ノルウェー	505	スイス	499	エストニア	501
14	フランス	505	日本	498	スイス	499
15	アメリカ	504	マカオ	498	日本	498
16	デンマーク	497	ポーランド	497	台湾	496
17	スイス	494	フランス	496	イギリス	495
18	スペイン	493	アメリカ	495	ドイツ	495
19	チェコ	492	デンマーク	492	デンマーク	494
20	イタリア	487	アイスランド	492	スロベニア	494

2007年12月にOECD（経済開発協力機構）の国際的な学力調査の結果が公表されました。OECDは先進国が国際経済や環境、教育などについて協議する国際機関で、30ヵ国（08年1月現在）が加盟しています。この学力調査は国際学習到達度調査（PISA=Programme for International Student Assessment）とよばれるもので、義務教育修了の15歳（日本では高校1年生）を対象に、00年から03年、06年と3回行われています。07年12月に公表されたのは06年の調査結果です。この調査には57の国・地域の約40万人、日本では約6000人の高校1年生が参加しました。

調査では「科学的リテラシー（応用力）」、「数学的リテラシー」、「読解力」と3分野のテストが行われていますが、日本は3分野とも毎回、順位を下げています。このうち、とくに読解力は00年に8位だったのが、03年に14位と大きく下げ、当時は「PISAショック」といわれました（11ページ表参照）。今回は15位と、さらに下がる結果となり、日本は「読解力」に問題があることがあらためてクローズアップされることになりました。

文部科学省は07年4月に、小学6年生と中学3年生を対象に、全国学力調査を実施しました。学力低下がいわれるようになったことから、その実態を調べようと、算数（数学）と国語の2科目について、基本的な「知識」をきくA問題と、知識が「活用」できるかどうかをきくB問題のテストをしました。その結果、「知識」の正答率よりも「活用」の正答率が低かったことから、いまの子どもは、活用力がいまひとつニガテといわれています。さらに読解力にも課題があることが指摘されていましす。これらのことは学力調査をする前からよくいわれていたことであり、あらためてたしかめられたかたちになりました。

国際調査によると日本の子どもの読解力は下がり続けています

落ちてきたのは、読解力だけじゃない

数学、科学もダウン傾向に

06年のPISAの学力調査では、数学的リテラシーは03年の6位から10位へ、科学的リテラシーは2位から6位と順位を下げています（15ページ表参照）。

毎回、参加国がふえているので単純に比較できませんが、フィンランド、カナダ、韓国が数学的リテラシー、科学的リテラシー、読解力の3分野とも上位をキープしているのに対し、日本は3分野とも順位を下げ続け、対照的な結果となっています。

今回の結果に文科省は、「（参加57ヵ国からみると）数学は高得点グループ、科学は上位グループ」と分析していますが、下がってきているのは事実です。

また、PISAでは学力テストのほかに校長へのアンケート調査もしています。

日本の学力の変化

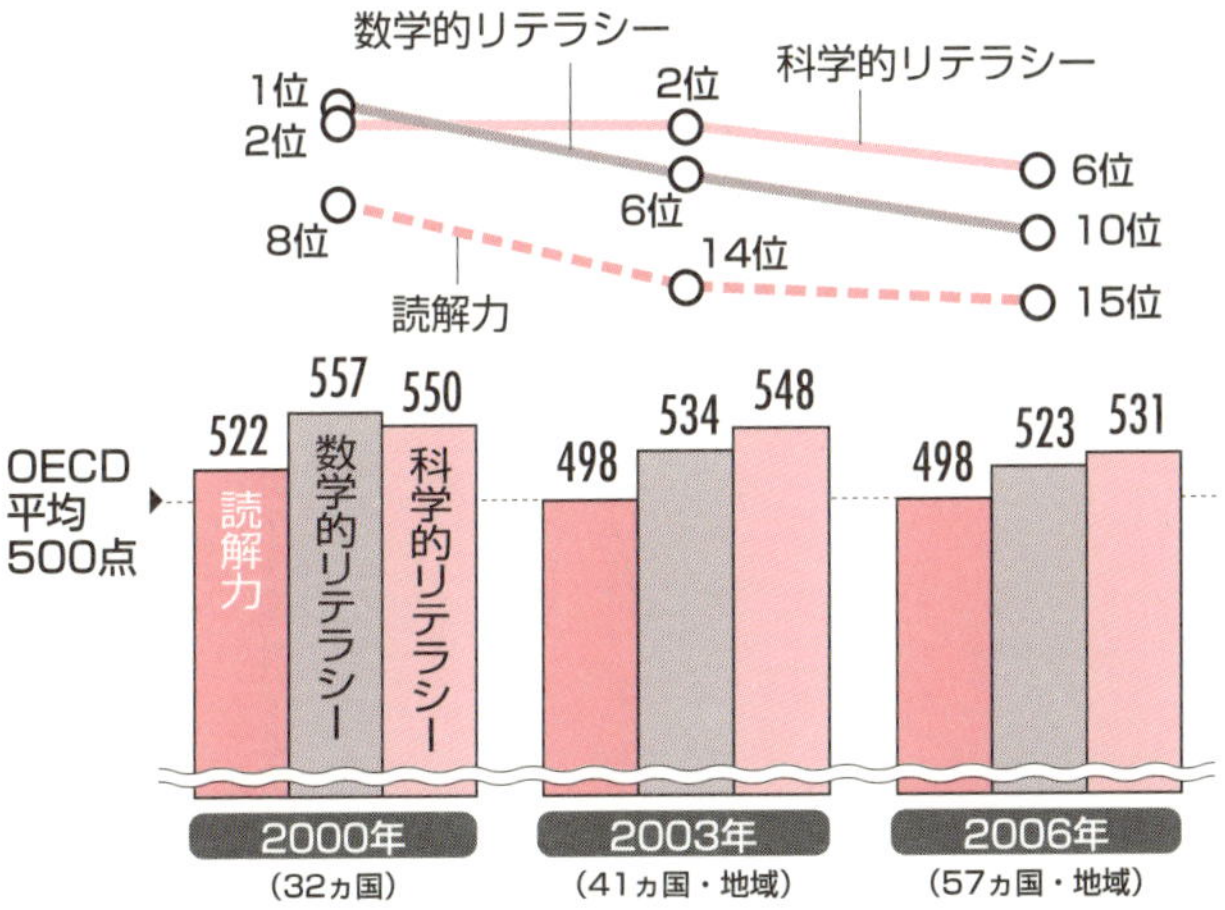

（PISA調査より）

そのなかでおもしろいデータがあります。「勉強させなくてはならない圧力を感じるかどうか」という質問に「①多くの人の圧力を感じる」「②特定の人の圧力を感じる」「③とくに感じない」の3つから選ばせたところ、日本では①と②をあわせると80％以上の校長が圧力を感じると回答しています。

ところが、フィンランドは両方あわせて10％台で、成績上位のカナダでも、やはり圧力を感じる校長がすくない結果になっています。

つまり、親からもっと成績を上げるようにと圧力をかけられている度合いが少ないほうが、じつは成績がよくなっているのです。勉強はおもしろいからやりたくなるものであって、日本のように社会的な圧力が強いと、子どもをかえって勉強から遠ざけることになってしまうということがさいきんの調査結果にあらわれてきています。

日本ではまた、やる気にさせる理由づけをはっきりさせてくれないということもあります。たとえばニガテな数学をやろうというとき、15歳くらいになるとそれなりの理由づけがほしいわけです。これからは理数系の力が必要だ、これからは科学の世界を読みとくことが重要になるなど納得のいく理由づけがあれば、いまはむずかしくてわからないけれども、がんばってわかるようになろうという気になります。そういう理由づけがなかったら、こんなにむずかしいことをやらされて、いったいなんになるのかと思うでしょう。”受験のため！“という圧力も、ずっとへっているのです。しかも、わからなくなっても、だれもサポートしてくれません。理由もなく、自助努力でやりなさいといわれれば、だんだん勉強がイヤになってきて当然です。

とにかく勉強をしろという圧力はあっても、勉強する意味をおもしろく感じさせてくれない。そういう構造があるかぎり、勉強ぎらいがふえていくのは当然です。

いまのような勉強のやり方では、日本の子どもたちの学力はこれからもすこしずつ下がっていくでしょう。

勉強はだれかのためにやるのではなくて、自分のため、社会のためにやるんだということ、関心のあることを学び、社会をよくするためにいかしていくのだということを、自分自身で発見することが大切なのです。まわりからの圧力でやらされるのではなく、自分でやろうと思うからやる、という勉強に対する姿勢をとりもどすことがいま求められています。

勉強しろという圧力を
強く感じさせることが
逆に、勉強から
遠ざけることになるのです

学力の二極分化が進んでいる

「できない子」がわかるまでがフィンランドのルール

PISAの調査をもうすこしくわしくみてみましょう。調査では、どの科目も得点によってレベル1から6までにわかれており、得点の低い子はレベル1、高得点の子はレベル6ということになります。19ページのグラフは、読解力、科学的リテラシー、数学的リテラシーそれぞれのOECD平均、韓国、フィンランド、日本の得点分布をあらわしたものです。このグラフをみると、日本はどの分野でも、レベル1やレベル2の子がフィンランドに比べて多いことがわかります。

たとえば科学的リテラシーの場合、レベル1未満、レベル1、レベル2までをあわせて、日本は30%くらいですが、フィンランドは18%くらいです。数学的リテラ

「得点分布」の比較

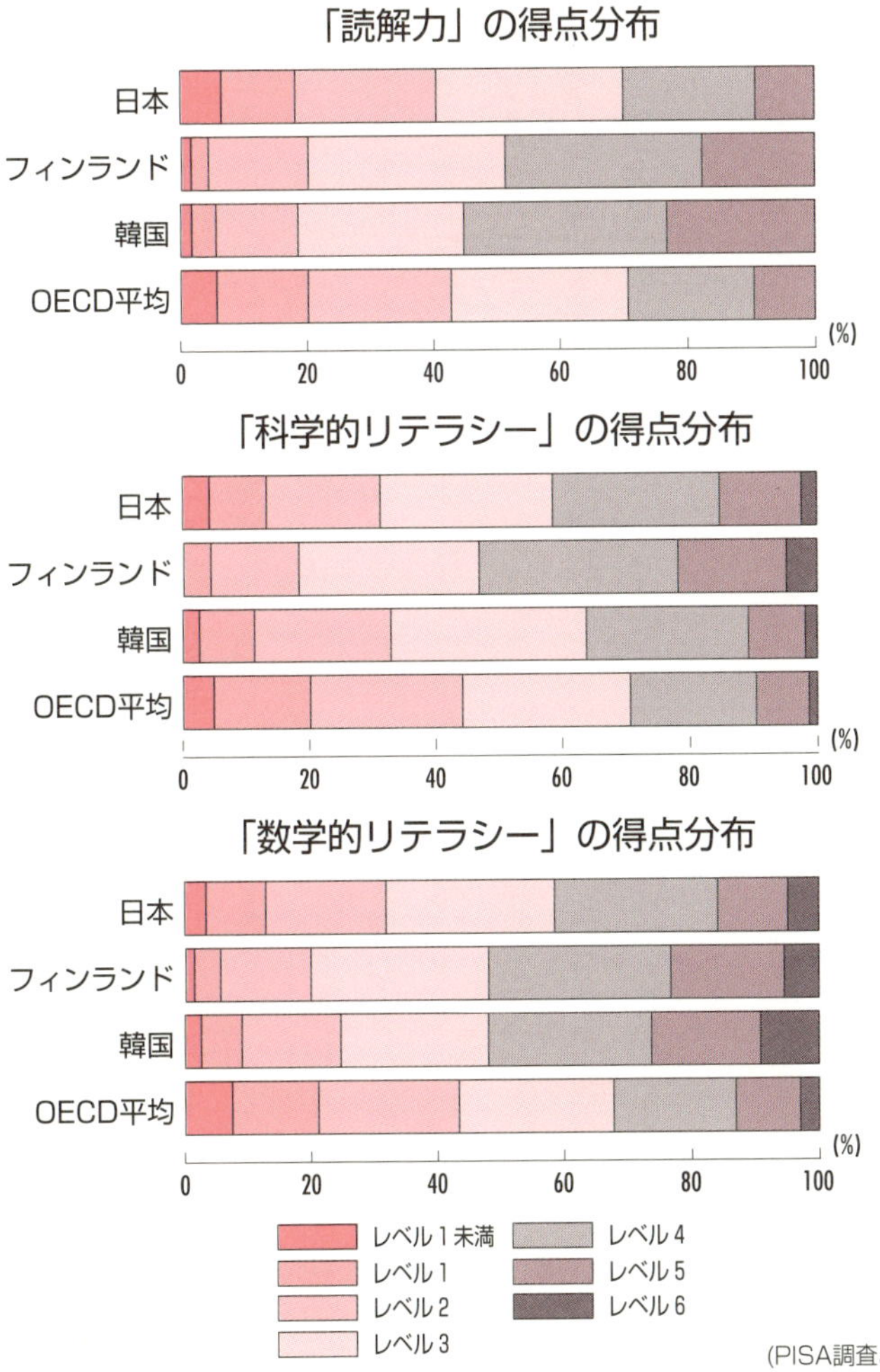

(PISA調査より)

シーも、日本はレベル2までで約32%ですが、フィンランドは約20%とすくなくなっています。読解力では、レベル2までの割合は、上位の韓国、フィンランドは日本の半分くらいしかいません。なぜ、このようなちがいがあるのでしょう。

フィンランドでは小学校低学年から放課後の時間を使い、授業についていけない子どもたちに、ていねいな補習授業をやっています。できる子だけでなく、できない子もいっしょにわかってから先に進むという授業のやり方をしているのです。

一方、日本では、よくわからない子どもは、そのまま放っておかれてしまっているようです。そのため、上の学年になればなるほど、わからないことがたまっていって、ますます授業がわからなくなります。当然、成績も低下していくため、PISAの調査が対象とする15歳ごろになると、フィンランドなどの国々と比べて、レベル2以下の子がかなり多いという分布がみられるようになるのです。

早い時期からできる子、できない子にわかれる

PISAの学力調査からは、日本の子どもの学力が全体的に下がってきていると

読解力の得点分布の変化

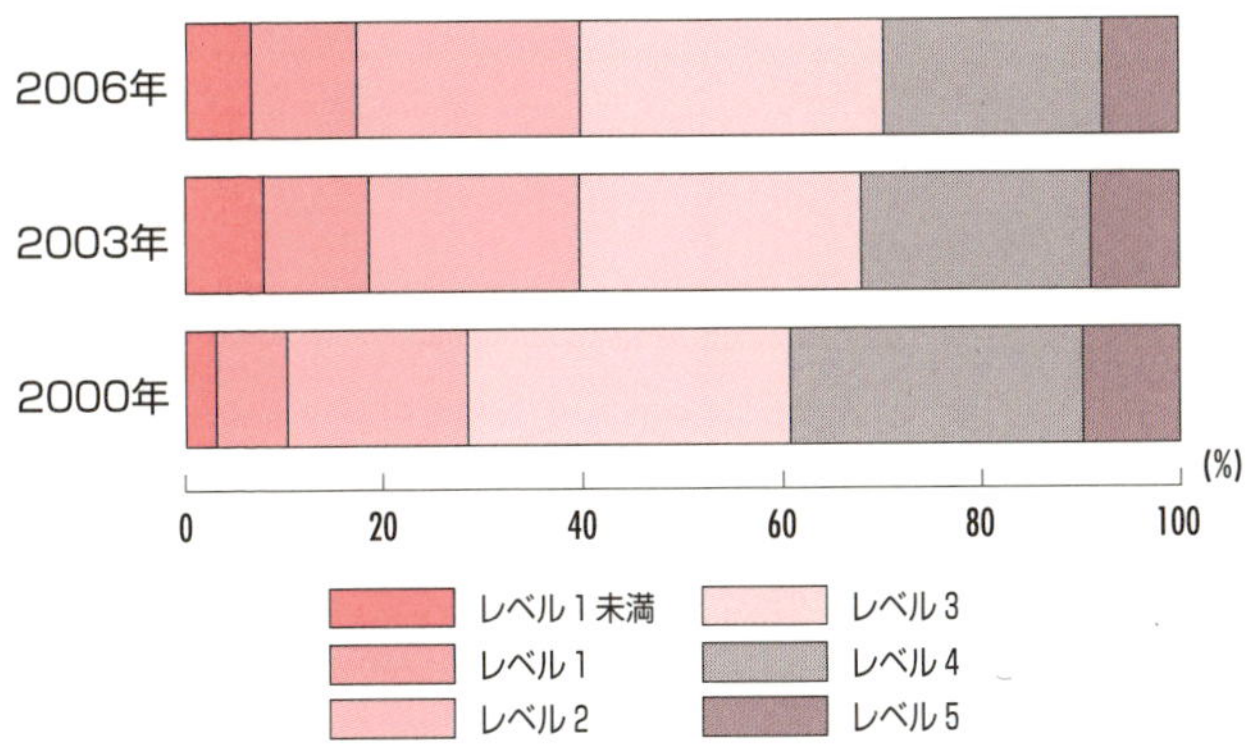

（PISA調査より）

いう事実のウラに、できる子の割合はさほど変わっていないのに、いわゆるできない子がすこしずつふえてきていることがわかります。21ページの「読解力」の00年、03年、06年の得点分布の変化をみると、レベル2以下がふえ、レベル3、4がへってきているのがわかります。

このことは、子どもたちの学力に二極分化がおこっていることを示していま す。まんなかあたりにいた子が早い学年から両極にわかれていき、中学生くらいになると、できない子とできる子のふたつの山に分布され、中間層が少なくなっていきます。とくに、数学や英語はそういう傾向がみられるようです。

まるで昨今の日本社会の階層分化のような学力分化がおこっているわけですが、その背後には、経済格差の問題や、家庭での文化、あるいは時間的なゆとりの問題があるのではないかといわれています。

フィンランドでは
できない子がわかるまで教える体制が
できています。そのちがいが
今回の調査にもあらわれたようですね

ゆとりがなくなってきている社会

学力低下は家庭のせい?

学力低下の原因がどこにあるかを考える場合、ふつうはまず、先生の授業のやり方に問題があるのではないかとうたがうでしょう。先生の教え方が以前よりヘタになっているのではないか、子どもが期待するような授業をしていないのではないか、ということが吟味《ぎんみ》の課題になります。しかし、そういう議論はほとんどなされていません。

07年4月の全国学力調査では、同時に生活習慣のアンケート調査もおこないました。国立教育政策研究所（国研）の報告では、たとえば家の人と学校でのできごとについて話をする子どもは正答率が高いとか、家で宿題する子の正答率が高いとか、学力の高低を家庭のあり方と結びつけ、学力低下の原因は、学校ではなく家庭に問題があるような分析をしています。

しかし考えてみれば、学校に行く前に忘れ物がないか確認するような子の正答率が高いのはあたり前のことではないでしょうか。家庭がある程度ゆとりがあってしっかりしていれば、宿題もみてやるだろうし、本も読んでやるでしょう。そういうことをしてやれば、ある程度の学力がついてくるのは自然なことです。ようするに国や文科省は「家庭がもうちょっとしっかりしてくれれば」といいたいのだと思いますが、「しっかりしてくれ」といって、「はい、わかりました。しっかりします」というようにできるのならだれも苦労はしません。

宿題を毎日みてあげる、三度三度の食事をできるかぎり家族そろってしっかり食べる。いいこととはわかっていても、簡単にそれができないのがいまの家庭です。働くパパやママの長時間労働という問題もあるでしょう。経済生活がたいへんで精神的なゆとりがなくなっている場合もあるでしょう。親自身、家族のだんらんを十分経験しないで育ったため、そのイメージがわかないという人もいるでしょう。学力問題の根っこが家庭にあることは事実かもしれませんが、その家庭を社会がじょ

うずに応援しないかぎり、問題は解決しないでしょう。

家庭をいとなんでいくのだって、たいへん

いまの親はたいへんです。核家族が多くなっていますから、パパやママたちは全部自分たちでやらなくてはいけません。子どもの教育のことはもちろん、子どもがいじめられて元気がないときどうのりこえていくかということや、子育てが一段落したらいつから仕事を再開するか、その準備は？　とか、老親の世話はどうするかとか、そういうことを全部、

自分たちだけで解決していかなくてはなりません。考えてみれば、お金もかせいで、毎日ごはんもつくり、子どもの教育もやり、ママやパパ自身の自己実現もし、高齢の親のめんどうもみて、子どもの勉強にも目くばりする、となり近所への気くばりも忘れないで、そういうことをじょうずにやっていくというのは、たいへんな能力です。

ぼくはさまざまな問題を解決しながら家庭を運営していく基礎的な能力を〝ファミリーリテラシー〟といっています。家庭の運営は、ある意味で練習なしですから、ぜんぶ試行錯誤《しこうさくご》です。やりながらおぼえていくほかありません。パパとママがおたがいじょうずにはげましあいながら、ファミリーリテラシーをどうやって高めていくのか、この本は、そうした社会からの応援のひとつだと思っています。

ゆとりがはぐくむ意欲と好奇心

勉強は、楽しいとか、おもしろいということに結びつかないと、子どもはやる気になりません。あたり前のことです。しかし、冷静にみると、日本の家庭で子どもの知的好奇心をたかめていく親子の会話がむかしよりへってきているのではないかと思います。

子どもは親といろいろな会話をしたとき、

「へえ、そうなんだ。パパって、ものしりだな」

と感心したりします。それを、学校の授業でさらにくわしく説明してもらうと、

「ああ、そういうことだったんだ」と理解が深まります。家に帰って

「この前、パパがいってたことがね、きょうの授業で出たんだよ」

といった会話をきっかけに、学習意欲や好奇心がたかまっていくのです。そうした循環《じゅんかん》があると、子どもの学習意欲はまちがいなくのびます。

むずかしく考える必要はありませんが、家庭での親と子の会話をとおして、いろいろなことを知っているとおもしろいんだとか、いろいろなことについて議論するのは楽しいんだ、とか感じる体験をすこしずつでもさせてあげることがとても大事なのです。

しかし、パパもママも忙しくゆとりをなくすと、こうした会話はなかなかできません。子育て中のパパは残業しないで早く帰れるようにする、ママもゆとりをもっ

て子育てできるような状態をつくる、そういうことに政策側も手をつけてくれないと、日本の子どもの学力問題はなかなか改善されないと思います。

希望がみえると意欲もわく

子どもの学力は、社会のあり方と深い関係にあります。これまでのべたこともそうですが、いままで高等学校に行かなかった人たちが高等学校に行く、大学に行けなかった人たちも大学に行くようになる、経済的にもずうっと右肩上がりという、そういうときは、乱暴ないい方ですが、放っておいても学力は高くなっていくものです。日本の60年代、70年代はそういう時代でした。

フィンランドの子どもの学力が高いのは、フィンランドがいま右肩上がりの社会だからということも大きな要素としてあるようです。そういう面からみると、日本の子どもたちの学力が下がってきたのは、日本がいま右肩下がりの社会だからともいえます。残念ながら、日本の社会は明るい、希望にみちているという人はほとんどいません。温暖化がこのまま進めば、どうなるの？　食料自給率がこんなに下がって、だいじょうぶ？　ガソリンはどんどん値上がりして、石油がなくなったらどうなるの？　こういう不安に満ちた社会で、「さあ、がんばりましょう！　勉強しましょう！」という気持ちに、素直になれるものではないでしょう。

このように、いまの学力低下の背後には、さまざまな社会問題があります。家庭のあり方に学力低下の原因のひとつがあることは事実でしょう。しかし、「それじゃあ家庭よ、しっかりせよ」といえば家庭は変わるかというと、そう簡単にはいきません。このことは、社会全体で考えていく問題なのです。

いまの家庭のあり方が
学力低下の原因のひとつではありますが
これは社会全体で
考えていかなければならない問題です

社会が豊かになると学力は落ちる?!

勉強するための3つの動機

一般に社会が豊かになっていくと、勉強しなくなる傾向が強くなります。社会を豊かにするために勉強するというような目的が、はっきりしなくなるからです。なんのために勉強をするのか、しだいにわからなくなるのです。

一般に、勉強をしようという動機《どうき》には、内発的動機づけと、外発的動機づけの2つの側面があります。

内発的動機づけとは、勉強が楽しくてしょうがない、どうしてもそのことを知りたいから勉強をするといった内側から出てくる「やる気」です。好きなことを勉強すると、自分が豊かになる、そう思えるような勉強が内発的動機づけによる勉強で

す。
外発的動機とは、勉強すれば、いい学校に入れて将来いい会社に入れる。いい収入が得られて、幸せになれる。だからイヤでも勉強しようというようなときに出てくる「やる気」です。ようするに、ごほうびがあるからがんばって勉強する、つまり手段としての勉強です。
外発的動機づけはさらに、個人的なものと、社会的なものがあります。自分個人の目標達成を目的とするもの、たとえば出世してえらくなるといったもののほか、家庭の生活を支えるためにがんばらなきゃいけないというものもあります。
内発的動機づけと、2種類の外発的動

機づけ、勉強の「やる気」には、この3つの側面があります。これらはどれがよい、どれがダメというものではなく、ある意味で3つとも必要なものなのです。

実際の勉強の動機づけ、つまり「やる気」はこの3つの動機づけがまざっているのですが、比率でいうと内発的動機づけが多い子どもほど、勉強はあとのびするでしょう。のびるだけでなく、ムリのない勉強をするようになります。一方、外発的動機づけの比率が多いほど、アメやムチが必要になってくるわけで、競争させたり、いろいろなエサをぶらさげて走らせることになります。子どもも本当はやりたくないけど、しょうがないからやるというように、ムリをするようになります。

3つの動機がみえなくなっている……

社会が豊かになって、モノがあふれるようになると、社会を豊かにするためにがんばらなきゃいけない、社会のいろいろな課題を解決するためにがんばらなきゃいけない、という気持ちは、放っておくとすこしずつ失せてきます。

自分の個人的な目標を達成する動機づけも、社会の大きな課題のための動機づけも弱くなってしまうわけです。逆に、内発的動機づけが豊かにあるかというと、これまでの勉強のスタイルを続けているかぎり「へーっ、勉強っておもしろい」と思う子はそんなにいないでしょう。日本の子どもたちの現状を考えると、ほとんどの子どもは、「勉強ってむずかしい。おもしろくない」と思っているのではないでしょうか。そうなれば、だんだん勉強をしなくなり、当然のことながら成績は下がってきます。つまり、やる気を起こさせる動機づけになるものがあちこちで消え始めている、それがいまの日本の状況だと思います。

日本はいま、勉強にむすびつく動機づけがみえにくい社会になってきています

受験ではかれる学力とはかれない学力

大切なのは点数であらわせない学力

じつは、学力低下問題はヨーロッパ社会にも共通して起こっていることです。韓国、台湾とか、シンガポール、インドなど、これから自分たちの国を経済的にも豊かな国にしていこうとがんばっているところは、学力が上がってきています。しかし、フランス、ドイツ、イギリスなど旧先進国は下がってきています。そんななかで日本は、まだ受験システムを残しているためか、ドイツなどに比べると、PISAの調査でまだ上の位置にあります。

ただ、それはPISAが要求する学力の点数が上というだけの話です。本当の学力がどうかという話はまた別です。たとえば、点数であらわしやすい計算力。ドイ

ツ人は筆算で正確に計算できることが社会的に意味があることとはあまり思っていません。フランス人もそうです。計算は計算機がやればいいことだからじゃかりきになって練習することではないと考えています。それより、ちゃんとコミュニケーションができたり、ディスカッションができたりすることのほうがよっぽど大事だと考えるようです。

フランスでは、国語の家庭教師をやといますが、数学の家庭教師をやとったりはしないそうです。フランス語をちゃんと話すことができ、すぐれた発音で、たとえばデカルトのことばを全部暗唱できるといったことが重視されるのです。

考えてみれば、日本だって、数学は受験のためにと一生けんめい勉強しますが、社会に出たら、「わたしね、因数分解得意だったのよ!」といってもあまり自慢にならないでしょう。計算力や広く浅い知識など、いわゆる受験のための学力は、社会に出て使わなければ、たいてい下がっていくものです。

平均的よりもなにかひいでているものを

前の項でのべた、やる気のための動機づけは、3つとも必要なものです。個人的な出世のための勉強があってもいいのですが、ただこれからはまんべんなく勉強して平均的な「できる子」になるよりも、なにかにひいでたほうがいいといわれています。

なにかにひいでるための学力は、従来の受験的勉強ではのばせません。自分探しをして、自分がやりたいこと、やれそうなことを早くみつけ、みつかったらその分野で、早くから訓練を始めることが大切になります。

かりにシェフになりたいと思ったとしましょう。高校より料理の専門学校に行っ

たほうがいいかもしれない。でも外国で修行しなくてはいけないから語学をやんなきゃダメだぞ。やはり高校まで出とかないとダメだ。いやいや、さいきんは栄養のいろいろなことをいわれているから、食品についてわかる栄養学をちゃんとやらなきゃいけないぞ。それじゃあ大学レベルまで勉強したほうがいいぞ……。と考えることになります。

本当は職業高校だとか、専門学校などがたくさんあったほうが、社会は豊かですが、日本ではまだ、普通高校でまんべんなく勉強しておくというのが主流で、これがいま、中途半端な状況をつくり出しています。

激しい変化についていけない学校

不得意科目を克服するというのは、じつは奇妙な話です。人間には得手不得手があって自然です。なぜニガテなことをいっぱい勉強しなくてはならないのかと、うたがってもおかしくないのです。ニガテなことを苦労してやるよりも、得意なことをどんどんのばしていくほうが人間らしい、と考えてもおかしくありません。

しかし、会社に入るときは、この大学を出たので、それでわたしを買ってほしい、どこでどういう仕事をするか、それは会社で決めてくださってけっこうです、というのが日本のやり方です。わたしはこういう技能や能力をもっているので、それを買ってほしい、という社会ではないのです。そうなると、ニガテなことがあるのはこまる。なんでもいちおう、まんべんなくこなせるほうが、「使えるヤツ」というふうに思われるわけです。

その結果、企業が求める人材戦略にあわせた教育システムができ、なんでもこなすけれど、得意なものもとくにないという人間がいっぱいできてしまった。以前はよかったのですが、それで企業もこまりはてたわけです。模倣《もほう》ではなく、どこにも

ない新しいものをつくりだす若い人が必要なのですから。そのため、企業はしばらく前から、なにかにひいでたタイプを求めるようになってきています。

ところが、学校はそう簡単に変わらないので、社会が求めていることと、学校が準備するものとがずれてきてしまっています。その結果、社会の変化の激しさに、若者はとまどってしまうのです。親が子育てでいちばん悩んでいるのも、このことです。

子どもは将来、さまざまな問題に直面していくと思いますが、社会が求めているものをじょうずにつかんでいくことができる、あるいは困難に直面したとき、うまくのりこえることができる、そういう基礎力をどう育てていくか、それがいま求められていることです。この基礎力と、なにかにひいでる専門力、この2つを矛盾《むじゅん》なく追求していくことがこれからの生きる力に結びつく学力といえるでしょう。

いま求められているのは生きる力に結びつく学力といえるでしょう

第2章

学力の土台をつくろう

基礎となるのは体験の豊かさ

「えっ！」「どうして？」をいっぱい体験させよう

学力を育てるという場合、まず土台となる基礎力、学力のもとをどう豊かに育てていくかということが大事です。

43ページは、子どもの学力が育つための要素と構造をあらわした図です。いちばん下に広がるのは「実体験の豊かさ」をあらわしています。その上にあるのは「感情体験の豊かさ」です。その上が「知育的体験」、いちばん上の小さな部分が「文字や数」です。

各ブロックの高さは、どれだけその体験を深く感じたか、どれだけ熱中してやったかをあらわします。深く感じれば感じるほど、熱中すればするほど高くなってい

学力を育てる4つのブロック

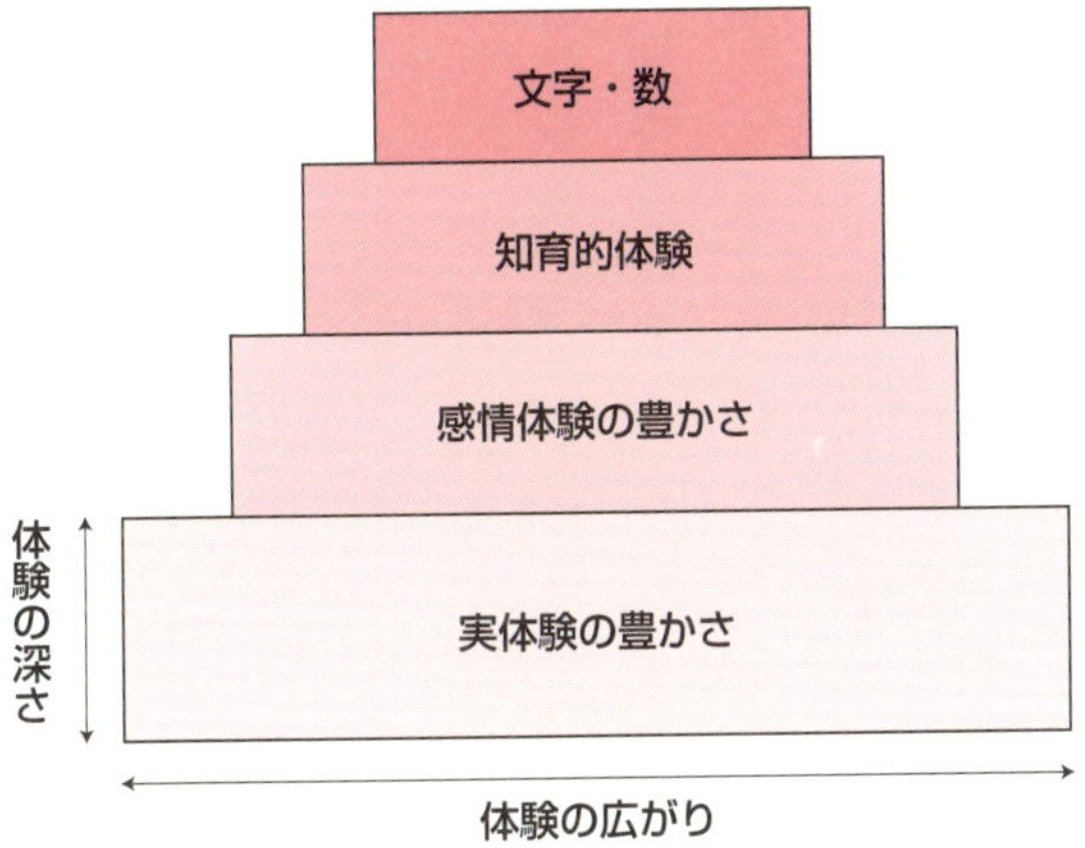

きます。

横ははは体験の広がりをあらわしています。どれだけ多様な体験をするかです。つまり、どれだけ多様に熱中して体験したかによって、それぞれの面積が決まるのです。

子どもは自分が実体験することによって、さまざまな感情をもちます。「えっ！」とおどろいたり、「どうして？」と問いをなげかけたり、あるいは、おもしろいとか、楽しいと感じたりします。

この感情体験の豊かさをあらわすのが、下から2番目のブロックで、知的土台のひとつです。

オトナのサポートでギモンをより豊かな世界へ

体験して感じたことは、感情体験の土台になっていきます。うまくいくと「どうして」「なんで」「わかんねえ」といったギモンやおどろきなど、さまざまな感情の世界が、体験からわいてくるのです。

そして、「どうしたらもっと大きなものがつくれるのだろう」とか「もうちょっとおもしろく遊ぶにはどうしたらいいかな」など、あるいは「カブトムシはどうすればとれるかな」「クワガタをもっとちゃんと育てるにはどうすればいいのだろう」など、課題意識やギモンをもつようになります。こうなると、放っておいても子どもは考え、工夫するようになります。これが知的土台づくりになるのです。

この場合、そばにオトナがいて、適切にかかわってあげると、おどろきやギモンの世界はより豊かになっていくことはわかるでしょう。ここに、パパやママ、あるいは保育者や学校の先生の役割があります。

体験というのは、するだけではなかなか豊かな感情体験にならないで、すぐに忘れられていきます。

「どうしてこんなところに花がはえてるんだろう？」
「なんでこっちのほうは、花がさかないんだろうね」
と、ちょっと声をかけてあげる。あるいは、子どもが関心を示したものについての本をあたえる。そうすることで、子どもの問いかけはふくらんでいきます。このようなサポートがあると、43ページの下から2番目の感情体験のブロックがふくらみ、それがはねかえって1番下の実体験ブロックがまた豊かになる、という構造が生まれます。
体験の豊かさが、感情の体験の豊かさにつながり、感情の体験がさらに新たな体験を生み出すというサイクルができてくると、子どもの知性はグングンのびていきます。

文字や数は、あくまで体験をあらわすための手段

外遊びをつうじて得られる自然体験の豊かさ。むかしの子どもたちなら、これだけで十分でした。さいきんは、これに知育的体験、たとえば絵本を読むとか、ブロック遊びをする、おり紙をする、絵をかくといったことが子どもの生活により多く入ってくるようになりました。

しかし、知育的体験も、実体験がベースにないと、たとえば絵本を読んでいてもよく理解できません。ブロック遊びや絵をかくときも、「もっとカッコいいもの、つくれないかなあ」「もっときれいなものをかきたいな」という気持ちになるのは、ホンモノの「スゴイ！」と思える体験をした子です。実体験できれいと感じたり、おどろいたりしたことがたくさんあれば、絵のテーマはどんどん広がっていきます。

文字をおぼえるとか、数を数えられるというのは、11ページのブロック図の下の

3つの体験のベースの上にようやく成り立つものです。文字や数は、これらの体験を表現するための手段にすぎず、文字や数だけおぼえても、豊かに育つことはありません。文字、数の体験は幼児期ではまだしなくてもいいくらいです。ただし、放っておいてもいいという意味ではなく、土台になる体験をまず豊かにしてあげないとダメということです。

体験や感動がとぼしいのに文字や数を小さなときから教えようとしても、土台が小さくて頭でっかちなブロックになってしまい、バランスが悪くて安定しないなど、子どもにムリが生じます。まずは、土台をしっかり固めましょう。

実体験や感動体験をたくさんさせて
土台をしっかり
きずくことがまず大切ですね

知的センスのベースは感情

おどろきやギモンが知的センスをみがく

戦前から戦中にかけ戸坂潤という哲学者がいました。かれは「知性とは感情が論理をもつことである」というような意味のことをいっています。ぼくはこのことばをとても気に入っているのですが、感情の豊かな働きのない知性はないのだと思います。

「きれいだな」「なんでだろう」——こうした感動や問いかけが、すこしずつ複雑なことがらの文脈にのり、かたちをととのえていくと、論理になっていくのです。

43ページの学力を育てるブロック図を思い出してください。土台の部分で子どもたちがいっぱい体験して、感情を動かす、それがまた体験を豊かにしていく、こう

いう世界が、じつは感性豊かな実際の知性のみなもとなのだと思います。

体験をとおしてはぐくまれる豊かな感情

知性のもっともベースにあるものは感情です。知識だけではないのです。感情の豊かな動きがないと、知性にはなりません。ギモンに思う、感動する、場合によってはおこる、悲しむ、そういう感情が知的なもののベースなのです。

子どもたちは、生活のなかの体験をとおして、さまざまな感情をからだで受けとめながら、広い意味での知的センスをみがいていきます。体験の豊かな広がりをいつも考えながら子育てもしていれば、まずまちがえることはありません。

第3章の72～75ページでくわしくふれますが、自然は、子どもたちに体験の豊かさを無限にあたえてくれるものです。現代のような時代だからこそ、意識して子どもを自然のなかにつれ出すようにしましょう。

体験の豊かな広がりを考えながら子育てをしていきましょう

考える道具のからだをつくろう

五感をみがくからだづくり

　これだけ大きな脳をもっているにもかかわらず、人間の脳のなかで知識の情報処理をしているところはそれほど大きな部分ではありません。脳の半分くらい、頭の上、横、うしろ側は、みる、きく、かぐ、あじわう、さわるという五感の処理に使われています。ですから脳は、考える前に感じたり、刺激が入ってきたのを処理したりということを、じつにたくさんやっているのです。そこで、五感を豊かに活性化させていくことが、そのあと身につく知識、たとえば食べられる物、食べられない物の区別といった知識の前提として大事になってきます。

　そのためには、からだを活性化させることが大切です。いくら文明の利器が発達しても、実際に手でつくるとか、気温の変化をからだで感じるとか、実際ににおいをかぐとか、そういうことを小さなときから精いっぱい体験させてあげることが、五感をみがくうえでとても大事ということです。実際に、みて、かいで、きいて、あじわって、さわって、「知る」のです。

その意味で、小さなときからからだをしっかり動かしてあげることが必要です。からだは五体をささえているだけでなく、それ自体がありとあらゆる情報を処理しているのです。からだの中身は「空《から》だ?!」ではありません。いっぱいつまっています。

自然や人とコミュニケーションできるからだ

からだをはぐくむというのは、体験したがるからだ、トンカントンカンつくるからだ、さわってみないと気がすまないからだ、ニオイをたしかめたがるからだ、好奇心そのものであるからだ、つまりセンサー（感じる装置）のいっぱいつまったからだをつくるということです。さらにいえば、ママにだいてもらうとうれしいから

だ、パパに肩車してもらうと楽しいからだ、友だちと遊ぶと元気になるからだ、そういう人とかかわることに、よろこびを感じられるからだ、コミュニケーションできるからだをつくることでもあります。

こういうからだをはぐくむには、自然が最高の教材になります。自然と豊かに出あわせてほしいのです。

その自然をこんどは加工して、人間に便利な物に変えていくというのは文化ですが、自然を使って子どもが遊ぶというのも文化です。自然に手を加えて、おいしい物に変えるのも、料理という最高の文化だし、花や植物など自然をかざって部屋を気持ちよくするというのも、ひとつの文化です。絵本を読む、積み木やブロックで遊ぶのも知育的体験ですが、こうした文化を体験するのも知育的体験になります。

たとえば、どんぐりをいっぱいひろってきて人形をつくってみたり、やじろべえをつくってみたり、ふえをつくってみるなど、自然を工夫する体験を親子で楽しんでみましょう。

小さなときからしっかり動いて
センサーのいっぱいつまった
からだをつくりましょう

早期教育って、どうなの？

パターン認識はできても意味はわからない

早期教育というのは、子どもの教育をできるだけ早い時期から始めるということと考えましょう。しかし、43ページのブロック図をもう一度みてください。いま早期教育で実際に教えているのは、いちばん上の「文字や数」の部分です。しかし、そこをいくらがんばってやっても、体験の豊かさと感情の豊かさがなかったら、土台がもろくて簡単にくずれおちてしまいます。

もちろん、訓練次第では文字だって早く読めるようになります。しかし、幼児が文字を読めたとしても、それは知性の一部が身についただけで、ほんとうに大切な「意味」の世界は理解できません。3歳の子どもが毎日、新聞を読んで意味がわかるかといえば、それはムリなのです。

あなたにとっての「意味」ということ

文字だとか数で大事なのは、それが「意味」の世界をもっているということです。ちょっとむずかしくなりますが、「意味」ということばは2種類の側面をもっています。ひとつは、辞書に書いてあるようなことで、専門的にいうと「語義《ごぎ》」といいますが、ことばの意味の一般的、三人称的な側面です。

もうひとつは、わたしにとっての意味、つまりことばの主観的、一人称的な側面です。これは通常「意味」といわれます。

たとえば、「母」ということばの意味はなんですかといったときに、辞書には「人を生み育てる女性」「親のうちの女性」などと書かれています。これは、だれにもつうじる一般的な意味で、「語義」にあたります。しかし、「わかる」という場合は、こうした語義を理解するだけではまったく不十分です。「わかる」ためには、一人称的な「意味」、つまりわたしの感情がからまった意味を理解できなければな

りません。
たとえば、「母」ということばでいえば、「あなたにとって母とはどういう意味ですか」ときかれたら、「愛情そのもの」「自己犠牲《ぎせい》」「あたたかさ」とかいろいろな答えがありますね。その内容が一人称的な「意味」なのです。そこには「母」にまつわる感情や体験がまとわりついています。そういうものがよびおこされて、初めて「わかる」というのです。
同じように、どのようなことばにも、一人称的、主観的な意味があります。あなたにとって民主主義はどういうことばですか？　教育とはどういうことばですか？　学校とはなんですか？　ときいても同じです。つまり、意味には、一般的なことばの意味、いわゆる語義と、あなたにとって、わたしにとっての意味との2種類あるのです。このうち、語義だけなら丸暗記しておぼえられます。しかし、意味のほうはおぼえられません。心のなかに体験をかさねて創造《そうぞう》していくしかありません。

センス（意味）は体験からしか生まれない

英語では、一般的なことばの意味、つまり語義は、”ミーニング（meaning）“といいます。もうひとつの意味、わたしにとっての意味を”センス（sense）“といいます。

わたしにとっての意味をセンスというのは、感じたことだからです。センスとしての意味はあくまで一人称、わたしにとっての”意味“です。つまり、その単語によって、どんなイメージが自分にわいてくるか、その中身のことなのです。わたしが母ということばの意味をどう感じているかは、自分と母親との体験や、自分が母親になってみるという体験がなければ、創造できません。これは一人称の世界です

から、体験をとおして自分でつくるほかないものなのです。
　そのため、若いころはわからなかったけど、やっとわかってきた、ということはいくらでもあります。それはセンスの世界が深まったということです。なぜ深まったかというと、体験からつくりあげた教訓や物語の世界が豊かになったからです。語義だけ知っていたことがそういう意味だったのか、と気づくことはよくあるでしょう。これは、体験にもとづくセンスとしての意味が、語義を定義しなおし深めてくれたということです。
　〝体験〟は〝からだ（体）〟の〝しるし（験）〟と書きます。〝しるし〟とは〝記憶される"ことです。からだに記憶されているものが体験なのです。からだに記憶されるためには、感情が豊かに動くということが必要です。こわかった、うれしかったなどの感情の世界が豊かでないと、記憶にのこりません。センスの世界はつくれないわけです。

早期教育は成り立たない

たしかに、学校では、体験よりも先にミーニングのほうを学ぶという側面があります。しかし、そのミーニングはセンスとしたらこういうことじゃないかと頭のなかで翻訳《ほんやく》されないと、子どもは本当は理解できません。人は自分のたくわえているセンスで、新しいミーニングを解釈するしかないのです。

たとえば、3才の子どもが少し文字を読めるようになったからといって、恋愛小説を読んでしみじみと感動し、「ママ、やっぱり失恋って、人生に必要なものだね」なんてことは、ぜったいにいわないでしょう。なぜなら、失恋の体験のない3才の子にその意味はわかりようがないからです。

異性を好きになってたまらないという欲求は、からだがまだ成熟していない3～4才でおきるわけがないのです。だから、恋愛小説を読むことはまだできないのです。ムリをして読んだとしても、頭のなかでサーッと「語義」が流れていくだけで「意味」はよくわからないのです。

こういうことを先走ってやったとしても、その人間が知的になるわけではありません。それよりも、じっくりと語義と意味、つまりミーニングとセンスのフィードバックを豊かに保証してあげることが大切です。成長するにしたがい、体験の世界に、恋愛をするとか、世界を歩くだとか、弱い立場の人の世話をするといった、さまざまなことが入ってきて、そのことの自分にとっての意味、つまり「意味」の世界が豊かになっていくのです。

体験が豊かであることは、ものごとをセンスとして理解できる基盤をつくることにつながります。いろいろな体験をさせることなく、文字や数だけをおぼえさせるような早期教育をやっても、学力にはなりません。せいぜい、文字のパターンをみわけるようなパターン認識を少し訓練するくらいしかできないわけです。パターン認識が多少優秀でも、将来学力がのびるということとは関係ないでしょう。

数や文字がわかる
パターン認識にすぐれていても
将来学力がのびることとは
関係ないでしょう

英語教育はまちがいをおそれないことから

勉強として学ぶだけでは身につかない

海外の大学で学んだり、外国の会社で働く人もふえ、日本にも外国の会社がどんどん入ってくるようになり、幼児や小学生の時期から英語塾や英会話教室に行かせたほうがいいのではないかと、考えるパパ、ママがふえています。

しかし、英語は塾に早期に行かせれば、かならずできるようになるというほど単純ではありません。英語をマスターするときにも、43ページのブロック図にある体験の土台が必要だからです。

たとえば、家族で海外旅行に行ったとき、カタコトの英語でもパパやママがなんとかコミュニケーションしようとすれば、子どもはすこしずつでも練習すればつうじるようになるのだと気づきます。子どもが大好きな歌の元歌が英語なら、原語をおぼえて歌うのもよいでしょう。こういった英語への動機づけ、そういう気持ちが子ども本人に強く存在しないと、やらされているだけではほとんど身につきません。

英語が必要だと思うことが大切

小学校中学年から高学年くらいになると、外国のことをもっと知りたいと思うようになります。そんなときに、子どもとの会話のなかでたとえば、

「ストリートチルドレンという子どもがいて、おまえと同じくらいの子どもたちが世界で1億人くらい、学校にも行けなくて、家もなくて道路で暮らしているんだよ。こういう子どもたちを支えようとしてNPOをつくって支援している人もたくさんいる。パパもストリートチルドレンを助ける活動をしている人を応援しているんだけど、おまえもいっしょになんかやらないか？　そのためにはすこしは英語が書けたり話せたりするといいよね」

と、このように動機づけをする。海外のこまった人を助ける国際貢献が必要だから、

英語を勉強してほしい、と。こうした動機をぬきに、ただ単に将来、受験に必要だからと英語をやらせても、子どもは本気になれません。

まずは人と話すのが好きな子どもに育てたい

人と話すのが好きという気持ちを育てていけば、英会話はマスターしやすくなります。外国人といろいろな話をしたい、知らない外国に行っていろいろききたいことがある、こちらも話したいことがある。そういう話し好きに育っていれば、比較的ラクにマスターできます。

しかし、人としゃべるのがニガテとなると、外国の人と話をしたい、という動機がないわけですから、受験対策のためムリヤリおぼえることになります。

日本人はなぜ英語ができるようにならないかというと、知らない人とどんどんしゃべろう、それが楽しくてしょうがないというようなコミュニケーション好きな風土が、あまり育っていないからだといわれています。

また、ヨーロッパだったら、スウェーデンでもドイツでも外国の人と話す場合、相手の国のことばが話せないときは、それじゃあ英語で話そう、となります。ドイツのタクシーの運転手さんも、たいてい英語がつうじます。英語を話せないと日常生活が不便になるので、みんなあたり前のように英語をマスターするのです。

しかし日本の場合は、日常生活で英語はとくに必要ではありません。英語にふれるのは、教室で勉強しているときだけ。一歩外に出れば、英語がどうしても必要という世界がまずないのです。日本人が英語をなかなかマスターできないのもムリないといえます。

このように、日本には英語力がかんたんにのびない社会的なバックグラウンドがあるわけで、そのなかで英語をのばしていこうとするなら、知らない人たちと話す

のがおもしろいとか、外国につれて行って英語がしゃべれるといいなあと実感させるとか、そういう体験をいっぱいさせてあげることが必要になります。

まちがうことは、はずかしいことではありません

日本ではたいてい、中学校から高校まで6年間英語を勉強します。ところが、6年間も勉強していながら、基本的な英会話がしゃべれるようにならない。外国人にはそれがとても不思議なことらしく、日本人はなぜ英語がしゃべれるようにならないのか、ということが外国で研

究テーマになっているほどです。研究者は、英語教育のしかたがまずいということもあるにせよ、いちばんの原因は、正しい英語をしゃべれないとはずかしい、まちがってはいけないという感覚がものすごく強いからだ、といっています。

最初はカタコトでもいいから、つうじればOKというところから始めないと、ふつう語学は身につきません。ところが、日本人はみんな、まちがうことをおそれ、使おうとしないのです。外国人に話かけられても、「答えは完了形か過去形か、いや過去完了形か?」と考えているうちに、相手はむこうにいっちゃったということがよくあります。日本人が英語をマスターしようと思ったら、カタコトで話すことはけっしてはずかしいことではない、すこしずつなおしてもらえばいいのだ、という学習観を身につければいいのです。これがないと、日本人の英語はなかなか上達しないでしょう。

幼児でマスターしただけでは残らない

そこで、気になるのは、さいきんの幼児向け英会話教室の盛況ぶりです。たしか

に小さな子をアメリカにつれて行って、しばらくすごすと、オトナよりも速く英語をマスターしてしまいます。そして、ひじょうにじょうずな発音になります。
ぼくの友人で、留学でアメリカに行った夫婦がいます。4年間むこうで生活してもどってきたとき、5歳の娘さんは英語がペラペラでした。1年後、娘さんのようすをきいたところ、
「いや〜、まったく使えない。自分が1年前までペラペラ英語をしゃべっていたことも忘れている」といったのでおどろいたことがあります。
幼児期の言語能力というのは、相手がしゃべるのをそのままマネするだけで

す。幼児はマネをする能力がひじょうに高いので、すぐしゃべるようになるのも、まわりの環境に適応しているということなのです。ですから、環境が変わってしまえば、必要がなくなり、たいていすぐに忘れるのです。これが幼児の知力の特徴《とくちょう》です。

ちなみに、ある調査によると、6歳まで海外で暮らして日本にもどってきた場合、なんらかのかたちで使う必要のあった場合をのぞけば、その国のことばを１００％忘れてしまう、ということです。12歳くらいまで向こうで生活して日本にもどってきた場合、半分くらいは残るそうです。

外国語習得のベースは
人と話すのが大好きということ、
まちがうことをおそれないことですね

第3章

子どもの学力のために家庭でできること

基礎はやっぱり自然体験

子どもにとって自然はフシギとおどろきの宝庫

学力をのばすというと、机にむかい本を読んだり、計算しているすがたを思いうかぶべるかもしれません。しかし、これまでのべてきたように、子どものころは、学力の土台となる体験を豊かにしていくことのほうが大事です。とくに自然のなかでの体験は学力の土台をつくるうえで重要なものです。

子どもたちの自然体験がへってきているというデータがあります。73ページの表は、自然体験について調べたアンケート調査の結果です。平成10年と平成17年で、「キャンプをしたことがある」という質問に、「何度もある」が27・4%から19・6%に、「海や川で泳いだことがある」という問いに対する答えのうち、「何度もある」は60・1%から41・8%と、それぞれ急速にへっています。

自然体験活動について

		なんどもある	すこしある	ほとんどない
チョウやトンボ、バッタなどの昆虫をつかまえたこと	H10	50.4	30.9	18.7
	H17	35.1	30.0	34.9
海や川で貝をとったり、魚をつったりしたこと	H10	41.9	36.5	21.6
	H17	26.9	32.8	40.3
大きな木にのぼったこと	H10	24.2	32.5	43.3
	H17	19.0	27.4	53.6
ロープウェイやリフトを使わずに高い山にのぼったこと	H10	14.0	32.9	53.1
	H17	9.6	21.7	68.7
太陽がのぼるところやしずむところをみたこと	H10	23.4	43.1	33.6
	H17	19.5	37.3	43.1
夜空いっぱいに輝く星をゆっくりみたこと	H10	33.2	44.5	22.2
	H17	26.0	38.9	35.1
野鳥をみたり、鳴く声をきいたこと	H10	38.6	36.4	25.0
	H17	29.6	36.0	34.4
海や川で泳いだこと	H10	60.1	30.1	9.8
	H17	41.8	32.3	26.0
キャンプをしたこと	H10	27.4	34.4	38.2
	H17	19.6	27.5	52.8

（小学校4･6年、中学2年を対象）

（国立オリンピック記念青少年総合センター「平成17年度青少年の自然活動体験等に関する実態調査報告」より）

満天の星空をみて、星ってこんなにあったんだとおどろく。秋なら落葉のなかに入ってみると、落葉が発酵《はっこう》してあたたかいことにおどろく。このようなことは自然体験をしなくてはわかりません。自然には予想をくつがえすような発見がありますが、それはとても新鮮な体験となります。こうしたおどろきこそ、好奇心をはぐくみ、なにかをためしたり、集めたり、考えたりするきっかけになっていくのです。

自然体験がへることは、感動するとか、ギモンに思うとか、ためしてみる、調べてみる、比べてみるなどの精神のいとなみへのきっかけが、やせほそっていくことにもつながります。

ナマの自然とまじわって遊ぶ体験、たとえば海や川で魚をとる、満天の星空をみる、秋ならばきれいなモミジにふれるなど、そういう感性的な感情的な体験をたくさんしていることが学力の土台となるのです。おもしろいと感じたり、「きれいだな」と感動したりする。このような自然から得た多くの感情体験は、小学校、中学校と勉強がむずかしくなればなるほど、大きな財産になっていきます。

ですから、都会で子育て中のパパやママは子どもをできるだけ意識的に自然のなかに連れ出してほしいと思います。自然のなかにさそい出していくと、子どもはやっぱり「へえー、おもしろい」と好奇心をむき出しにして、いろいろなことを次から次へとたずねてきます。その際、「ちょっときてごらん、これなんだと思う？」と、さそうように語りかけてみる。「これなんだろう？」「あとで、図鑑で調べてみよう」とか、紅葉した葉っぱをいっぱい集めてきて、「なにかおもしろいものをつくってみよう」とか、オトナがちょっと語りかけることによって、子どもの体験と好奇心はどんどん広がっていきます。このように、自然そのものが、子どもにとって、おどろきに満ちた教材の宝庫だといえるでしょう。

自然のなかの たくさんのフシギ体験が 好奇心を広げます

小学生になっても続けたい読みきかせ

絵本や児童書、図鑑などたくさん出ているのに

日本の子どもたちの学力低下が心配されていますが、第一章でみたように学力のなかでも読解力の低下が気になります。

もう一度復習しますと、OECD（経済協力開発機構）が2000年から実施している3年ごとの国際的な学力調査（PISA）で、読解力の順位が2000年の第8位から2003年の第14位へと大きく順位を下げたのです（11ページ参照）。2006年の調査結果では、第15位とほぼ横ばいでしたが、低下傾向に歯止めはかかっていません。

絵本や児童向けのいろいろな読み物、図鑑、親子用の雑誌などは、むかしに比べ

て、はるかにりっぱになり、たくさん出ています。子ども向けのいろいろな文学作品を読んであげる、あるいは子どもといっしょに読むチャンスは、はるかに広がっているはずです。

にもかかわらず、読解力そのものは下がってきているというのは、いったいどうしてなのでしょう。これはなかなかむずかしい問題だと、ぼくは思っています。

文章に書かれた内容を正確に読みとるという、論理的な能力が下がっているというだけではないような気がするのです。

心にのこる絵本や児童書を

テレビの幼児向け番組やテレビゲームが広まり、幼児向けビデオが普及するようになったころから、親が子どもに絵本を読んでやることがへってきたような気がします。絵本へ手がのびる前に、テレビ番組やビデオをみせてすませてしまう、というようなことがふえているのではないでしょうか。つまり、子どもの記憶にずっと残るようなあじわいをもった定評ある絵本、あるいは物語、児童文学などに接するチャンスは、いまの子どもは逆にへってきているように思えるのです。

ぼくは、現代のようなテレビやビデオの時代には、意識的に絵本に親しませてやろうという姿勢が、パパやママに求められていると思います。

子どもが1～2才のときから絵本をいっぱい読んであげましょう。地域の子育て支援センターや児童館、保育園などに行ったときにでも、いろいろ読んであげてください。

3才、4才くらいになると、あまりにも絵本の種類がありすぎて、どんな本を読んであげたらよいかわからなくなってくるかもしれません。そんなときも、図書館

に行って司書などスタッフに相談し、子どもの年齢や興味《きょうみ》にあった本を探し出して、読みきかせましょう。

読みきかせは続けることに意味がある

子どもが読書好きになるというのは、幼いときにいっぱい本や絵本を読んでもらって楽しかったという体験が原点になることがわかっています。

子どもがある程度、文字を読めるようになっても、「自分で読んでごらん」などといわず

「ママが読んであげる」

あるいは
「これはとってもおもしろいから、よくきいててごらん」

というように親がかかわってほしいと思います。そうすれば、小学校に入学し、自分で本を読めるようになるにつれ、自分で本を読む、教科書を自分で読む、という姿勢にかならず発展していきます。読みきかせは、本好きの子を育てるのです。

ただし、教科書や学校の勉強だけでは、読書を大好きになることはあまり期待できないでしょう。

教科書というのは、そんなにたくさんの物語は入っていませんし、学校の教科書には物語の一部だけしかのっていなかったり、あるいは「これはだれでしょう?」とか、「これはなにを意味するでしょう?」と考えさせながら読むことが多いので、単なる小説ほどおもしろくないことがあるからです。

ですから、読みきかせをずっと続けてやるということが、子どもの読書への誘いとしてとても大事になってくるのです。

しかし実際は、小学生になって、いよいよ本格的に本の世界のおもしろさ、物語

の世界のおもしろさを体験しだす年齢になると、じつは本からはなれてしまうケースが多いのです。ですから、できるだけ、読みきかせは長く続けていってほしいと思います。

パパ、ママも読書の時間をつくろう

ぼくは小学生のころ、母親が自分で文学全集を買い、むちゅうになって読んでいたことが、すごく印象的でした。本を読む母親のすがたをみていると、読書にさそわれているような感じがしました。

親がいっしょうけんめい本を読んでい

ると、ぼくも、わたしも読もうかな、という気持ちになります。子どもの手のとどく場所に本を置いておくと、ちょっと背のびしていつの間にか読んでいるというようなこともよくあります。

高学年になると、オトナの読むような本も読み出します。そういう意味では、親がモデルを示してやったり、親と子どもがいっしょに本を読むという習慣があると、読書への姿勢はまったくちがってきます。

わが家流でいいと思いますが、親としてふんばってほしいところです。子どもが小さいときこそ、読みきかせを続け、親もいっしょに本を読む時間を大切にする。そういうことを意識的におこなっていってほしいのです。

オトナ自体の読書量がへっているのかもしれませんが、時間に追われ、よゆうがない生活では、子どもに本を読んであげるとか、自分でも読書するというようにはなかなかなりません。その意味では、オトナの読書生活もこの機会にみなおしてみたいものです。

読書が好きになれば、本からいろいろな知識を得ることが楽しくなります。

本を読んでいて、さまざまなイメージがわいてきたり、関心や好奇心が生まれます。

逆に、なにか体験をしているときも、

「あ、これが○○ってことなんだ」

と、本に書かれていることの意味がわかってくることもあります。足がすくんだとか、きれいだったとか、おいしかったとかなどナマの体験をたくさんしていると、絵本や児童文学をイキイキと読めるようになるのです。


親もいっしょに本を読む時間をもつようにしたいものですね

家族での会話を楽しみたい

「こうしなさい」はタブーです

何度もいいますが、学力の土台は体験です。そして、ただ体験するというだけでなく、体験をするなかで実際にもっと突っこんで考えてみるとか、べつの視点から考えなおしてみるとか、一般化して考えてみるなど、柔軟な思考能力のようなものをきたえていけば、まちがいなく学力につながります。

むずかしいことのように感じるかもしれませんが、こういうことは家庭のなかの会話の豊かさを追求すれば、ある程度のことができるはずです。親が「こうしなさい」とか、「こう考えなさい」とすぐいわないで、子どもといろいろなことばのやりとり、会話を楽しむことを心がければよいのです。

ことばのピンポンを心がけると、子どものほうも、「へー、あっそうか。そう考えたらいいのか」とか、「そういう考え方もあるのか」といろいろなヒントをもらえます。できるだけ、そうやって子どもとの会話を楽しんでほしいのです。
「そうもいえるけど、こういうことも考えられるじゃん」とか、
「いまのいい方はすごくおもしろいと思ったけれど、たとえばこういう場合になったらどう思うの?」
ということを子どもといっしょになって楽しむのです。家庭のなかでこうした会話が毎日できれば、子どもの理解力はグングンのびていきます。

問題をとくには理解力がポイント

どの教科の学力にも共通して求められることは、考えて、意味がわかって、具体的な操作ができなければいけないということです。操作ができるというところだけが学力ではないのです。その前に考えて、ああこういうことだと意味がわかって、それで求められていることが理解できて、という段階があるわけです。

ところが、じつは問題をとく前に、問題の意味、つまり、この問題はこういうことをきいているんだなということが理解できなくて、わけがわからなくなることが多いのです。問題がとけるかどうかは、理解力がポイントです。

たとえば、複雑そうにみえているけれども、ほんとうは単純なことをきいているということがわかってくれば、問題に対する抵抗感はうんとすくなくなっていきます。算数、数学なんてほとんどそうです。数学がのびるのは、計算が速くできるかどうかとは、あまり関係がありません。なるべくよけいなものをそぎおとして、数字や数式で表現できることがわかるのが数学の力です。

算数の勉強をしていて、むずかしい問題にあたって、どうやってといてよいかわからない、と立ち往生していたのに、別の問題をといているうちに、「ああ、なーんだ。さっきの問題はそういうことか」とわかることがよくあります。これは別の問題をといているうちに、よけいなものが整理され、問題の意味を単純化して考えることができたからです。

といっても家庭のなかで、学校の教科を意識した会話をせよといっているのではありません。家庭でやってほしいことは、パパやママが、子どもとの会話を楽しんで、生活のなかでおこるさまざまなことについて、いろいろな角度からおもしろおかしく考えていく、そういう体験をふやしてやるということです。このことが学力をのばす、いちばんの応援になるのだと思います。

家庭での豊かな会話をとおして
子どもの理解力がのびていきます

いっしょに行きたい博物館や美術館

遠出しなくてもできる「わが町探検」

小学校低学年、中学年になってきたら、親子で「わが町探検」や「博物館探検」、「美術館探検」に出かけてみましょう。休みの日には、子どもの知的好奇心を育てることにもチャレンジしてほしいのです。

遠くに出かける必要はありません。ふだんみなれた町も、パパやママといっしょに歩けばワンダーランドになります。外遊びの少ない、いまの子どもにとっては、家のまわりだって新鮮にうつると思います。

古い神社やお寺があったら、説明書きを読んで、「ここはいまから○百年前に建てられた○○寺なんだよ」などと解説してあげてください。歴史的な建物や遺跡が

あったら、その由来《ゆらい》やエピソードをきかせてあげてください。こういうことから、歴史に興味をもったり、その町で生まれた人物に関心をもち、その人物について書かれた本を読んでみよう、遺跡の時代のことをもっと調べてみようと、知的な体験が広がるきっかけになります。

遺跡や神社がなくても、公園や川、海に出かけてもいいのです。図鑑をもっていって、草花や昆虫、野鳥の名前を調べてみるのも楽しいものです。

家に帰ったら、探検した成果をもとに、「わが町マップ」や「わが町いきもの図鑑」をつくってみましょう。

少し背のびさせてあげる知的体験を

博物館には、科学博物館、歴史博物館、鉄道博物館、恐竜《きょうりゅう》博物館などいろいろあります。子どもの好奇心や学習意欲を引き出すには、会話を楽しみながらみるのがポイントです。

「これは日本で第一号の○○だって」

「むかしはこんな形していたんだね」

といっしょにおどろき、語りかけてみましょう。

どんな博物館に行くか、あれこれむずかしく考える必要はありません。パパやママが自分でみたい企画展をやっていれば、「きょうは博物館に行こう！」とさそえばいいのです。自分で興味のあるものなら、子どもにそのおもしろさを伝えやすいし、会話も豊富になります。

博物館やプラネタリウム、資料館などでは、日曜日などに子ども向けのプログラムを用意しているところもあります。ホームページなどで情報収集して参加してもよいでしょう。学芸員やボランティアの人が、子ども向けのガイドをしてくれるところもあります。

博物館以外にも美術館、動物園、水族館など、子どもの知的な関心を引き出し、感性を豊かに育てる施設はたくさんあります。子どもにはむずかしいなどと思わず、ちょっとじょうずに背のびさせてやるというような体験を、たくさんでなくてもいいので、ときどきちょっとやってあげてほしいと思います。

ときには、博物館や美術館
動物園や水族館などへ出かけ
子どもの知的関心を引き出したいですね

手伝いから学ぶこともたくさん

男の子も女の子も
ひととおりの家事はできるように

学力の土台となる豊かな体験は、自然のなかだけではなく、生活のいろいろな場面で得られます。学校での生活はもちろんですが、1日の多くをすごす家庭での体験はたいへん大事です。

そこで、子どもが小学校低学年、中学年になったら、家のことも手伝わせていってほしいと思います。将来、子どもが家からはなれ独立していくときに、そうじができないとか、料理ができないというのではこまります。

女性の社会進出が、いまよりさらにあたり前になるこれからの時代は、男の子も

女の子も同じです。そうじや洗濯、料理などは小さいときからずっとやってきたから別に苦じゃないというふうにしておいてほしいのです。

家事はものごとを科学的に考える訓練に

家事は、単に生活に役に立つというだけではなく、思考力をきたえることにつながります。

たとえば、ちらかっているのを片づけるというときに、これどうやったら片づけられるのだろう、というのはひとつの科学です。窓ガラスをみがくときに、ガラスをどうやったらきれいにできるかを考えなくてはなりません。ぞうきんを上から下ろすか、下から上げていくか、洗剤は使ったほうがよいのか、たくさんの窓ガラスを手っとり早くきれいにするにはどうやればいいのか、考えることは山積みです。

本や書類の整理だって、ぼくみたいに部屋のあちこちに積み上げてしまったばあいは、どうしたら積み上げなくてすむのか考えなくてはいけませんし、いらないものはすてるという合理性にもとづく決断が必要です。

料理も〝だんどり力が必要〟と、よくいわれますが、つぎのステップを考えながら、材料を切ったり、いためたり、あげたりと、さまざまな工程を順序よくおこなっていくことが求められます。

また、環境の問題も、家事をしていると、より身近に考えることができるようになります。「洗濯はおふろの残り湯でしているのよ」「なんで？」「水はたいせつだからね」とか、「大根の皮もキンピラにすると、生ゴミがへるでしょ」などと話してみます。

むずかしいことを考える必要はありません。親が日ごろやっていることに、子ど

家事は、ものごとを合理的に考える力をやしないます

もをまきこんでやっていけばいいのです。

「洗濯物をほすときは、ピンピンと引っぱってね。そうしないとシワになっちゃうでしょ」とか、「お料理はこうやって、使った用具を洗いながらつくっていくと、自然とかたづけられるのよ」と、子どもにコツを伝授しながら、あるいはいっしょに考えながらやっていくのです。

家事のコツはどれも科学的な根拠がありますから、合理性が追求されます。ですから、要領よく仕事をしたり、考えてものごとをこなすという訓練になるわけです。

ニガテ科目ほど予習が大事

宿題は復習の代わりです

実際に学校の勉強とどうつきあっていけばいいのでしょうか？

まず、小学校の勉強が始まったら、低学年の間に、「勉強って意外におもしろそう！」とか、「こういうふうにやれば、学校の勉強についていけるんだ」という実感を子どもに与えてほしいのです。

その際大事なのは、子どもの勉強に対して親が一喜一憂《いっきいちゆう》するようなことはやめるということです。返ってきた答案にいちいち目くじらをたてて、「何よこの点数！」というようなことは絶対やめてほしいのです。これでは、子どもの自信を失わせてしまうだけ。でも、学校の勉強がだいたいわかっているかということには注意をは

らっておきましょう。
ママたちからよく、「予習、復習はしっかりやらせたほうがいいでしょうか?」という質問をされます。そんなときには、「えっ、自分はちゃんとやってましたか?」とき返します。「自分がやったこともないことを子どもに要求するのはムリだ」とわきまえておくべきだと思うのですが、それはともかく、復習と予習にはそれぞれ別の役割があることは知っておいてほしいと思います。
ぼくが小学生のころ、同じクラスに予習をちゃんとしてくる女の子がいて、びっくりしました。ぼくの家庭には予習という習慣はなかったものですから、「え、家で先に教科書読んでくるの？ すげえ！」と感動したものです。じつは、ぼくは、小学校の勉強では宿題だけしかやっていませんでした。しかし、宿題というのは復習をさせるためのものですから、復習はいちおうやっていたことになりますね。

そこで、家庭では、宿題のようすをときどきみたりして、あまりわかっていないようなら手伝ってあげてください。宿題は復習代わりですから、きちんとやってわかるようにしておくことが大切ですね。

予習してわかることが自信につながる

では、子どもがニガテな科目は、復習をしっかりさせればいいのでしょうか。じつは、ニガテ科目に大事なのは予習なのです。子どもが授業がわからないようだと気づいたら、少しずつ先をやらせて予習をさせてみてください。すると、学校の授業がグンとわかるようになるはずです。「学校の勉強よくわかったよ」と子どもにいわせることが自信につながります。

わからない子には復習が大事と思うかもしれませんが、予習はわからない子どもにこそ大事なのです。小さな学年ほどわかるとうれしい。「最近、おまえよくわかってんじゃん」と、パパやママにいってもらうと、子どもはうれしいものです。

ただ、国語の予習は教科書を読むだけでよいので自分でもできると思いますが、算数はやっぱり親が手伝ってあげないと、これから習うことですから、わからないこともあって、子どもだけでは予習はできません。ぜひ、みてあげてください。

ニガテ意識を
勉強っておもしろいかもという自信に
変えるのが予習です

1日10分から20分は勉強タイムを

短時間でも毎日の習慣にしたい

いま、日本の子どもは世界のなかで、家庭でもっとも勉強しないといわれています。PISAの調査（2000年）でも、「宿題や自分の勉強をする時間」がOECD加盟国27カ国中、日本は最低の27位でした。

そこで、それぞれの家庭で子どもの勉強タイムをつくることをおすすめしたいのです。何時間もやる必要はありません。1日10分、20分でいいので、習慣化することが大切です。

勉強の間はテレビもなにも消して、ママも読書をするとか、しずかに集中して勉強ができる環境をつくります。宿題や予習をすることが習慣になっている子どもな

ら心配いりませんが、勉強する習慣ができていない子どもには、勉強する雰囲気をつくることが大切です。共働きで平日に勉強をみてあげられない家庭では、土日に時間をつくりましょう。

算数は最初でつまずかないよう家庭でみてあげたい

家庭でやるのは、国語と算数が中心でいいでしょう。わかっているかどうかの手がかりは、ひとつは、ふだん学校で使っているドリルやプリントなどの点数、もうひとつは通信簿の成績です。

漢字の書きとりがあまり得意じゃなく

ても、そんなに深刻に考えることはありません。本を読むのが好きな子どもなら、いつか克服されるでしょう。読書をしっかりさせてあげれば、十分カバーできると思います。

しかし、算数は積み重ねていく勉強です。たし算のルール、ひき算のルール、さらに九九といった基礎の基礎のところがきちんとわかっているかどうか、とても大切なので、ここは家庭で意識的にみてあげてください。

この基礎部分ができていないと、2ケタや3ケタのたし算、ひき算、やがてわり算などのステップに進むことができなくなります。小学校のベーシックな算数は、どの子どもも、まあまあわかるというくらいにはのりこえていってほしいと思います。

とくに九九の始まる2年生の2学期ごろ、学校でいろいろと練習しているのがわかったら、家庭でも毎日くり返し練習をして、応援してあげてください。しばらくたってからも、

「九九、忘れていないわよね。七の段は?」

と、マスターしているかどうか、フォローしてあげてほしいのです。

子どものプライドを大切に

　子どもに勉強を教えるときのコツは、子どものプライドを大事にすることです。プライドを大事にするというのは、

「あんた、こんなこともわかってなかったの？」

　としかるのは禁句だということです。子どもが学校の勉強がわからなくてイヤになりかけているときに、こんなことをいわれたら、ますます勉強がイヤになるのはあたり前です。そこで、

「ああ、そうそう、こういうことって、みんなよくまちがえるのよね」

　と、やさしくいってあげてほしいもの

です。ここが、勉強ぎらいにさせてしまうかどうかのわかれ道になることもあります。

すぐカッとなりやすく、教えるのが不得意というママなら、パパにバトンタッチしたり、パパがカッとなるタイプなら、こんどは、おばあちゃんやおじいちゃんにバトンタッチすることも。教える人のスタンスも大事ですからね。

勉強をみるときは
やさしくはげますように
子どものプライドを大事にしましょう

第4章

中学受験を考えるなら

学校選びには校風も大事

受験勉強の期間はできるだけ短くしたい

〝3当4落〟といえば、むかしは大学受験のとき、3時間の睡眠で勉強をがんばれば合格できるけれど、4時間睡眠をとると合格できないという意味でよくいわれたことばです。いまは中学受験でも〝3当4落〟ということがいわれています。こちらは睡眠時間ではなく、有名中学に合格するには小学校3年生ごろから受験勉強をしないと合格できない、4年生からやったのでは間にあわないという意味です。

しかし、小学生の3年のころからもう受験勉強をやらせるのは、どうでしょうか。受験には独特のテクニックやノウハウがありますから、進学塾などで訓練されなければ身につかないものもあります。けれども、長くやればよいというものではありません。受験勉強でも、思考力をいかに身につけるか、中学に入ってからも学力を

3当4落

のばすためには、実体験を豊かにしていくことが欠かせません。体験が豊かな子どもは受験勉強でものびていきます。中学受験を考えているにしても、小学校低学年、中学年ではイキイキとした体験を積み重ねることが必要です。

どうしても受験勉強では、やりたいことをがまんさせるという面があるので、ある程度、体験の豊かさをぎせいにせざるをえません。ですから、受験勉強の期間はできるだけ短いほうがいい。「3年生のころはしっかり遊んでいればいいんだ」といって遊ばせているくらいでいいと思います。中学受験をめざす家庭でも、小学校の前半は思いっきり遊んで、後半がんばればいい。本当は5、6年生だけでもいいと思っています。短期決戦ですすに、こしたことはありません。

学校のふんい気を肌で感じる

中学受験では、いつから始めるかということだけでなく、ゴールになる学校選びが意外と重要です。学校を決めて、それにあわせた準備をするのです。子どもの一生のなかでいちばん大事な選択をするというくらいのつもりで、真剣に考えて選んでください。

6年生になると、子どもの成績だとか偏差値でだいたいこのぐらいの学校だったら可能性がある、ということがわかってきます。受験する学校はそのなかから選ぶことになります。そんなときに、偏差値やブランドイメージで学校を選んではいけません。文化祭やオープンスクール（学校見学会）などでじっさいに学校をみに行って、パパやママ、そして子ども本人の目で学校のふんいきを感じてみてください。

じっさいに行ってみると、「まわりに緑が多くてすばらしい環境だ」、「生徒たちがみんなおっとりしている感じでよかったよね」、「あの学校は偏差値が高くていいと思ったけど、生徒も先生もギスギスした感じ」など、いろいろな情報を得ることができます。その家庭からみた「校風」のようなものも感じることができます。校風は受験の情報雑誌や本ではなかなかわかりませんので、実際に行って、肌で感じることが大事です。親子でワイワイ議論して、子ども自身もあの学校なら行きたい、親としてもその学校がなかなかいいなと思える、そんな学校を選ぶことができればいちばんいいと思います。

学校選びは、じっさいに行ってみて
環境や生徒のようすなどを
みることが大切ですね

塾には2つのタイプがある

総合病院型とクリニック型

塾には大きくわけて2つのタイプがあります。

これは病院選びとも共通しているのですが、大手進学塾や大手学習塾はいわば総合病院で、親や子どもが塾に求めるものがなんでもそろっています。いろいろな先生もいる、友だちもいっぱいできる、ということでは比較的楽しいかもしれません。ただ、大きな病院でよくあるように、有名な先生に手術してもらおうと思って大学病院に入院したのに、あてがはずれて研修生の練習台にされるということがありますね。同じようなことが大きな塾にはあります。有名な先生がいても、その先生にみてもらえるわけではありません。いろいろなレベルの授業がそろっていても、全部受けられるわけではないのです。

一方、町のクリニックは、先生がひとりでやっていたり、専門の診療科の看板をかかげているので、みてもらう先生はわかっていますし、専門性にすぐれています。塾も同じで、大きくはないけれども、こういう受験をする子どもにはていねいにやっています、というところがあります。

また、受験よりは補習のためにかようという場合は、先生がていねいにフォローしてくれるような地域密着型の小規模の塾のほうがよいことも多いでしょう。地元で評判のよい塾を探すときは、友だちのママたちに、「どっかいい塾知らない？」ときいてみるといいでしょう。塾選びは、目的にあわせて選ぶことが大切です。

塾選びは1ヵ所だけみて決めないで

受験には受験独特のテクニックが必要です。受験テクニックを身につけるには塾にたよることになります。塾選びもたいへん大事です。

塾選びのポイントのひとつは教え方です。テクニックが必要といっても、入試問題にはとき方のパターンがだいたいあって、それを知っているとラクにとけることがあります。しかし、最初からあまりテクニックに走ると、パターンの記憶に重点が置かれて、勉強のなかで好奇心を感じたり、考えたりする楽しさを経験できなくなってしまいます。答えを出す苦労や、苦労して正解を出したときのうれしい体験もすくなくなってしまいます。

有名中学に合格者をたくさん出していることも目安かもしれませんが、塾選びをするときに、パンフレットやホームページだけをみても、その特徴はよくわかりません。めんどうかもしれませんが、ここは決意して塾も実際に行って、授業のようすを見学するとよいでしょう。子どもがあまり追いつめられた表情をしていないで、楽しそうに授業を受けているかどうかをみます。見学では、授業の進め方や、志望校選びの考え方などをききます。先生の説明がていねいか、親の相談にのってくれるかどうかなども判断の目安になります。1ヵ所の見学だけで決めないで、別の塾もみて比較検討し、よく考えることが必要です。しかし、行くのは子ども自身ですから、子どもの意見がいちばん尊重されるべきですね。

「友だちがいっぱい行っていて、いい塾だといっているから、その塾に行かせて」と子ども自身がいうのであれば、そこが第一候補になるでしょう。

**塾も前もって見学し
授業のようすなど
よくみて決めましょう**

子どもが行きたがるかどうかで判断

自分さえよければよいという イメージをあたえてはダメ

中学受験をする場合、だいたいは親が決めたり、希望することが多いようです。しかし、親が一方的に受験しなさい、といっても子どもはその気になりません。本当に受験するのなら子ども自身にも、しっかりとした動機づけが必要です。

「なんで中学受けなきゃいけないの」
「なんで受験勉強しなきゃいけないの」
といわれたときに、
「そりゃ、いい学校に入ってほしいからよ」

というだけでは説得力がありません。子どもとしても、苦労して勉強するわけですから、きちんと動機についても考えてあげましょう。親としては、子どもが苦労して勉強する理由を説明できなくてはいけないと思います。
　その場合、有名な大学に入って大きな会社に入れば一生ラクしてくらせる、人生に勝つ競争をここから始めるんだ、というような理由は感心できません。日本が高度成長だったころならともかく、これからの時代を生きる子どもに説得力はありません。また、人生すべて競争だ、というイメージを子どもにあたえてしまうのも大きなマイナスです。

たとえば、こんなふうにいってみてはどうでしょう。

「私立や国立の学校には、中高一貫でいい教育をしているところがたくさんある。親としてはそういう学校にぜひ行って、のびのびといい体験をしてほしい。公立の学校にもいいところはあるけれども、3年目からは受験勉強が始まり部活もなにも中断してしまう。できたら6年間ゆっくり、計画的に使った生活をさせてやりたいんだ」

受験競争というものは結果として他人と勝ち負けを争うことになりますが、人に勝つとか、負けるとか、そんなことばかりにこだわるのも考えものです。

「人と勝ち負けを争うのではなくて、頭がやわらかい小学校中学年、高学年のときに、いっしょうけんめい勉強すれば、頭脳がものすごく訓練されるよ。受験を体験しなければそこまで頭を使うことはないかもしれないね。受験勉強をしていると、それまでなかなかとけなかった問題が、いっしょうけんめい考えてとけるようになったりするけれど、これは頭脳の性能がよくなったということで、あとできっと財産になるよ。受験勉強は頭脳をきたえるチャンスで、結果としておまえのためになっていくと思う。もしもダメだったとしても、がっかりする必要はないんだよ。この体験から得るものは十分あるはずだ。だから、やってみたらどうだろう」

わが家流にいろいろアレンジしていってみてください。

ただし、ぼくは私立受験をすすめているわけではありません。あくまで、受験させようと思うなら、ということです。

親が決めるのではなく
子ども自身がこの学校へ行きたいと
思うことが大切ですよ

脳トレ程度に考えて

ずぶとい子ほど受験に強い

受験に強い子どもとは、どんな子どもなのでしょう。

いわれたことを一生けんめいやってきた子、受かるのか受からないのか心配でしかたがない不安傾向の強い子、親からいわれ、しかたなく受ける子など、受験する子にもいろいろなタイプがいます。

ぼくは学習塾で教えたこともあるし、国立の中学校の校長をやったこともあるのですが、これらの経験からいうと、いずれにせよ自分の成績について神経質になりすぎているタイプの子はむずかしいようです。

結局、受験に強い子とは、いい意味でずぶとい子です。受験を深刻に考えず、ダメでもいいや、受かればもうけモノぐらいに考えていた子どもが、あんがい合格し

てしまいます。

受験ひとすじというのではなく、サッカーもやっていて、受験半年前くらいから勉強に集中したら、グングン成績がのびてきた。それで、受けてみたら受かった、という子もいます。こういう子どもは中学入学後ものびていきます。

ですから逆に、神経質なタイプの子などとくにそうですが、受験勉強を始めてはみたけれど、途中で「ムリだ、自分にはあってない」と思ったら、そのときはやめてもかまわないよ、と事前に子どもにいっておくことが大切です。なにより、子どもを追いつめないことですね。

一生のなかで数少ない頭をきたえるチャンスかも

現代は、どんどん考えなくてもすむ生活になっています。本格的に頭をきたえる時期というのがすくなくなってきているわけです。ですから一生に一度くらい、そういうときを子どもにあたえることがあってもいいのかもしれません。受験をそのために生かす、くらいに考えてはどうでしょう。

学校の勉強にはもともと、子どもにちょっと背のびをさせる面があります。いま100の力があるとすると120、130の力がなければとけないような問題にいどませようとするわけです。さらに受験勉強となると、100の力がある子どもに140、150の力を出すことも課します。それで自信をなくす子も多いのですが、うまくこの機会を生かせば、頭の訓練になることも事実でしょう。

いまの子どもは、塾に行く時間以外にはあまり勉強しなくなっています。これは、前にものべたように、偏差値→銘柄《めいがら》大学→大企業＝一生の成功、という図式が成り立たなくなってきていて、受験でシリをたたいてきた教育がうまく機能しなくなっているからです。でも、子どものころに、いい意味で頭をきたえてほしいというのは事実です。学校システム、教育システムが大きく変わって、新しい訓練システムが創造されるまでは、中学受験というシステムを使って、子どもの知的訓練をするというのも、ひとつの手かもしれません。

ともかく、受かっても、受からなくても、じょうずにこのチャンスを使えばいいということだと思います。

受験勉強を
頭をきたえる
チャンスと考えてみては

受験に受からなくても

過度のプレッシャーをあたえないで

受験する場合、親は子どもに「絶対に合格しよう」「合格するほかないよ」というようなことをいいすぎないことが大事です。こういうことばは受験が近づけば近づくほど、プレッシャーになります。受験を子どもは人生最初の試練として受けとめてしまいますから、過度なプレッシャーをあたえないことです。「それしかない」というようないい方をされていると、受からなかったときに大きな挫折《ざせつ》感をおぼえます。大きな心の傷となって、その後やる気をなくしてしまうこともあります。

合格しなくても、人生お先まっ暗ということには決してなりません。「もし失敗しても、プラスになったことはたくさんある」のです。親がそのあたりをあいまいにしていると、受からなかった場合、子どものキズはそうとう大きくなると覚悟《かくご》し

ておいてください。

「残念」「おしかった」はいわないで

とかく中学受験は親のほうが必死になってしまいがちです。受験勉強で、なまじ成績がのびたりすると期待もふくらみ、そのぶんダメだったとき、子ども以上に親が落ちこんでしまうこともあります。しかし、子どもに大きな挫折感を感じさせるようなことを親がいってはいけません。

「今回は受からなかったけれど、勉強する習慣がついたし、頭もずいぶんきたえられたから、これはきっと生きてくるよ」と、大切なのはこれまでやったこと、そこに意味があるということを必ず伝えてください。「残念だった」「おしいことをした」などというと、子どもが自信をなくすようなこともあるので、気をつけてください。あくまでも、「いい経験をしたね」ということです。
　受験ですから、受からないこともありえます。このようなときにどうするかは受験勉強を始めるときに夫婦で確認しておきましょう。そこに、家庭力がひそんでいます。

大切なことはこれまでがんばってきたこと
それはこれからも生きてくること
と伝えたいですね

第5章

勉強はなんのためにするの

生きるのに役立つ学力がほしい

「どれだけおぼえているか」より「どう解決していくか」

これまでいわれてきた学力は、先生が教えることや教科書に書いてあるようなことを一生けんめいおぼえて、その知識を再現するというのが主流でした。あるいは、問題のとき方をおぼえ、それを使っていろいろな問題をとける子どもを優秀と考える教育が主でした。

しかし実際、社会に出てみると、おぼえていたことがそのまま役に立ったという場面は、ほとんどありません。実社会では、学校的な知識を記憶しておくことと、とき方をおぼえておくことが、直接役に立つことはすくないのです。ないわけでは

ありませんが、とてもすくないと思います。

そう考えると、「教えたことをどのくらいおぼえているか」、ということを学力の目安とするよりは、「あたえられたテーマをどう解決していくか」という思考力や、「考えたことをどう伝えるか」というコミュニケーション力や表現力を学力として考えたほうがよいと思えます。これまでの学力観はもう古くなっていると思うのです。

いまでも、学校も親も古い学力観にこだわって、いろいろなことをおぼえているとか、計算問題がよくできることが、学力が高いことのようにいわれます。

しかし、高い点数をとるために丸暗記ばかりしていたり、感情を殺してリクツで考える訓練ばかり続けていると、結局、先にふれたように知性の大もとである感情の世界がたがやされず、どんどんすりへっていってしまうおそれがあります。学校時代に高い点数をとっていたことがかえってアダとなり、柔軟な発想や表現力を育てにくくすることだってあるのです。

学力のモトは好奇心と考える力

くり返しますが、学力には2つの側面があります。

ひとつはいろいろなものに「へえっー」とか「おもしろいな」とか、「なんでだろう」ということにこだわる、自分でいろいろ考えたり調べたりするのが大好きだ、という感情的な側面です。好奇心といってもいいでしょう。もうひとつは、その感情に論理をあたえてリクツっぽく考えるということができる、論理的な思考力の側面で、これらの両方がないと学力は成り立ちません。

思考力は型にはまったものではなく、いろいろな角度からものをみて考える柔軟さを身につける必要があります。もちろん、豊富な知識も必要ですが、知識は好奇心があればどんどんふえていきます。好奇心は学力のモトになるもっとも大事な感情といってもいいのです。

これからの学力は、好奇心や思考力、表現力などを基準にしたいですね

考える力をのばす

計算の練習をたくさんしても
考える力はつきません

人間の能力には、すこしむずかしい言葉ですが、「領域固有性《りょういきこゆうせい》」というものがあります。あるひとつの能力はその能力固有のもので、これをマスターしたらほかの能力も獲得できるとはいかないようにできている、ということです。たとえば、ピアノをひけるようになるにはピアノを練習するしかありません。金ヅチをじょうずに打てたり、手先が器用だからといって、ピアノぐらいすぐマスターしますというわけにはいきません。

同じように、算数の計算の練習をいっぱいしたからといって、豊かな思考力がつくかといったらそれはムリなのです。計算問題をとくことはある種の集中力をきた

えることにはなりますが、それは思考力とはちがうものです。

では、考えることが得意になる、思考が豊かにできるようになるためには、どういう練習をしたらよいでしょう？

それには、思考する練習をするしかないのです。

子どもが考えることを「とても楽しい」「好きだ」というような体験をくり返す以外に、考える力は育ちません。ただ、子どもは親が知らないところで、いろいろ考えていますから、思考力は親がいちいち訓練してあげなくても、知らないうちに身につけていきます。

しかし、

「ちょっと待って！　もうちょっと考えさせて」

と子どもがいっているときに、親がなんでも先に決めて、

「こうやればいいでしょ！　親のいうこと、どうしてきけないの！」

と、子どもに考えるゆとりをあたえないというのでは考える訓練にはなりません。

考えるには時間が必要なのです。

自分で考えて判断できる子どもに育てよう

埼玉県のある市の保育園の園長さんたちが、ニュージーランドに研修に行ったとき、幼稚園か保育園で、子どもたちが寒いのに、Tシャツ1枚で走りまわって遊んでいるのを目にしました。

「ニュージーランドでもやっぱり冬は、Tシャツ1枚で薄着するように指導されているのね」

ということを通訳の人にきいてもらったら、むこうの園長はけげんな顔。

「あの年齢になれば、子どもたちは寒くなれば着る、暑くなればぬぐ、そのぐらい

のことはできるようになっています。わたしたちはそのぐらいの力は育てているつもりです。でもね、何枚着れば暑いか、何枚着れば寒いかというようなことは一人ひとりちがうし、状況によってもことなるでしょ。それを一律に、1枚にしなさいなんてことをいったら、考えない子どもになってしまいます。そんなことするわけありません」
といわれたそうです。日本の保育園の園長さんたちは、
「ここは子どもたちに考えさせて自分で自分を守る、そのためにはどうしたらよいかということを自分で判断しなさいということを教育しているんだ」

と気がついて、目からウロコがおちる思いだったといいます。

結論をあたえないで「どっちかな？」と選ばせる、あるいは「ママはこう思うけど、あなたはどう思うの？」とか、「なんでそう思うの？」ときいてみる。こんな会話が子どもにもっと工夫してごらん、もっと考えてごらん、というチャンスをあたえることになります。

さまざまな角度から柔軟に考える練習を

岡目八目《おかめはちもく》という言葉があります。囲碁《いご》をやっているときに、対戦している当事者たちよりも、そばで見物している人のほうがあんがい先をみとおして、有利不利の判断ができることをいいます。

これと同じことが、じつは勉強でもあります。授業のときはよくわからなかったけれども、教室をはなれて考えているうちに整理され、問題が単純化されてみえてきて理解できた。ちょっと角度を変えて考えてみる。このような柔軟な思考力は大事です。

子どもにいろいろな経験をさせて、

「自分でしっかり考えてごらん」とか、

「そうじゃなくてはなれて考えてごらん」

「やっぱりこうやってみたほうがいいんじゃないの」

などと、さまざまな角度から柔軟に考える練習をさせていると、しぜんと思考力がのびていきます。そういうこともきたえていけば、きっとそれはホンモノの学力につながります。

親が先に先にいうのではなく
子どもが自分で考える
ゆとりをあたえましょう

表現する力をつける

「なるほど！」という親の共感で子どもはのびる

あたえられたテーマやアイディアをじょうずに表現して相手に伝える、ぼくはこう考える、わたしはこう考えるということを積極的に表現できる、こうしたら問題を解決できるという提案を相手にわかるように説明できる――このような、広い意味でコミュニケーション力や表現力といえるものが学力として重視されるようになってきています。

表現の仕方はそれぞれちがっていいのですが、そのなかに個性が出てきて、しかもその個性をみがいていくと、単に個性的なだけではなくて、「とてもうまいよね！　あの表現」と評価されるようになります。

表現力をのばしていくには、親が子どもと会話を楽しむことが大切です。家庭のなかで「あれやりなさい」「それはダメ」といった指示調、禁止調の話し方はできるだけ少なくして、「どうしてそう思うの？」と問いかけたり、「なるほどね！」と共感したり、あいづちを打ったり、子どもと対等の立場で意見をきいたり、いったりする場面を多くつくることを心がけてください。

子どもがうまく自分の気持ちをいえなくても、結論をおしつけてはダメです。自分で考えて表現できるまでじっくり待ちます。「あとでまたきくから考えておいてね」と、できるだけ考える時間をあたえて待つようにしましょう。

家庭で会話を楽しんでいると
子どもの表現力は
自然とつちかわれていきますよ

なぜ、どうして、好奇心が育てる学力

考えることは好奇心から

子どもがどういうときに、自分で一生けんめい考えたり、調べたりするようになっていくかというと、それは好奇心や関心をもったときです。

好奇心は単なる勉強のきっかけではありません。好奇心というのは「おもしろい」、「フシギだな」、「楽しい」と思うものに興味を示し、もっと知りたくなる感情です。

感情には、うれしい、いかる、かなしい、楽しいなどいろいろな気持ちがありますが、これらの感情を豊かに感じる力こそ知性のモトなのです。

ちょっとむずかしい表現になりますが、感情がすこしずつ論理にかたちを変えていくことが思考なのです。

むかし、イギリスにジョン・スチュアート・ミル（1806〜1873）という人がいました。思想的にはひじょうに大事な仕事もした人ですが、かれは父親から典型的な早期教育を受けたことで知られています。父親が3歳からギリシャ語でいろいろな本を読ませ、ラテン語も8歳から勉強させ、12歳のころには、おもだったギリシャの古典、ラテン語の本などほとんど全部読んでいるという、そういう教育を受けたのです。

ところが、ミルが青年になったときに深刻なうつ状態になってしまいました。なぜうつ状態になったかというと、人間が感情で考えるということがわからなくなってしまったからです。原因のひとつに、小さなときからすべてリクツでたたきこまれてきたということがありました。悩んだすえに、ある女性と出あうことによって立ちなおるのですが、その女性は感情でものごとを考える人だったのです。ミルはその女性にものすごく影響を受けます。彼女と議論していると自分が考えていかなければならないことを全部彼女が考えてくれるというわけです。その女性は好奇心のかたまりのような人で、ミルと活発に議論して、ミルをおどろかせるさまざまなアドバイスをしました。

ミルに『自由論』という有名な本がありますが、最初のところに、この本はほとんど彼女が考えたものだ、わたしはそれをなぞって文章にしただけだということが書いてあります。彼女こそ感情で考える人間で、ミルは彼女と出会うことによって、自分を生き返らせることができたのです。

ノーベル賞もフィールズ賞も出発点は好奇心

東京大学の数学科の教授が、あるインタビューのなかで、東大の数学科の学生と

アメリカの大学の数学科の学生と、どっちが優秀かというような話が出てきます。フィールズ賞（数学のノーベル賞といわれる世界的な賞）をとる数学者が東大からあまり出てこないのはなぜか、といったことから出てきた話題ですが、その先生は、入学した時点では東大の学生のほうが優秀かもしれないが、4年間きちっと教育したら、ほぼ例外なく逆転するというのです。アメリカの学生のほうがのびるというわけです。

なぜ東大の学生がのびないのかときかれ、先生は「感性が育っていないからだ」と答えていました。

ここでいう感性とは、「なんでだろう」

とか、「フシギだなあ」とか、「もうちょっときれいにできないのかな」とか、「こういうものを論理であらわせないのかなあ」というように、なにかに感じて、そこに問題をみつけ、こだわっていくということらしいのです。

数学というと、計算がものすごく複雑になったものと思うかもしれませんが、そうではありません。さまざまな現象を論理や数式であらわす、たとえば美意識というものを論理化できないかとか、こういうものを美しいと思う人と思わない人とどこがちがうかを数式であらわせないかとか、そういうことを考える学問が数学です。その根っこにあるのは、ものごとをフシギがるとか、おもしろがるという感性です。それが数学に必要なのです。

では、感性を育てるためにはどうしたらよいのですかときかれ、その先生は「それは簡単だ、小さなときにあまり勉強しないことだ」といっていました。

幼いころから受験勉強みたいなことをさせられて、これが正しい答え、それがまちがいと決めつけて紋切り型の思考をおぼえていく、そこからはずれると「おかしい」「へんだ」といわれるようなワンパターンの思考の世界に入ってしまうと、感性の芽をつんでしまうことになるというのです。つまり、豊かな感情をたがやしていくこと、感情を豊かに発展させていくことが、本当の学力であるということです。これは本書で強調してきたことと同じです。

　感情をたがやすことによってはぐくまれるものは好奇心です。「おもしろそう」「なぜだろう」「知りたい、やってみたい」――そのように思う気持ち、つまり好奇心が学力をのばす原動力になっていくのです。たとえ受験期をむかえようと、このことは忘れないでいてください。

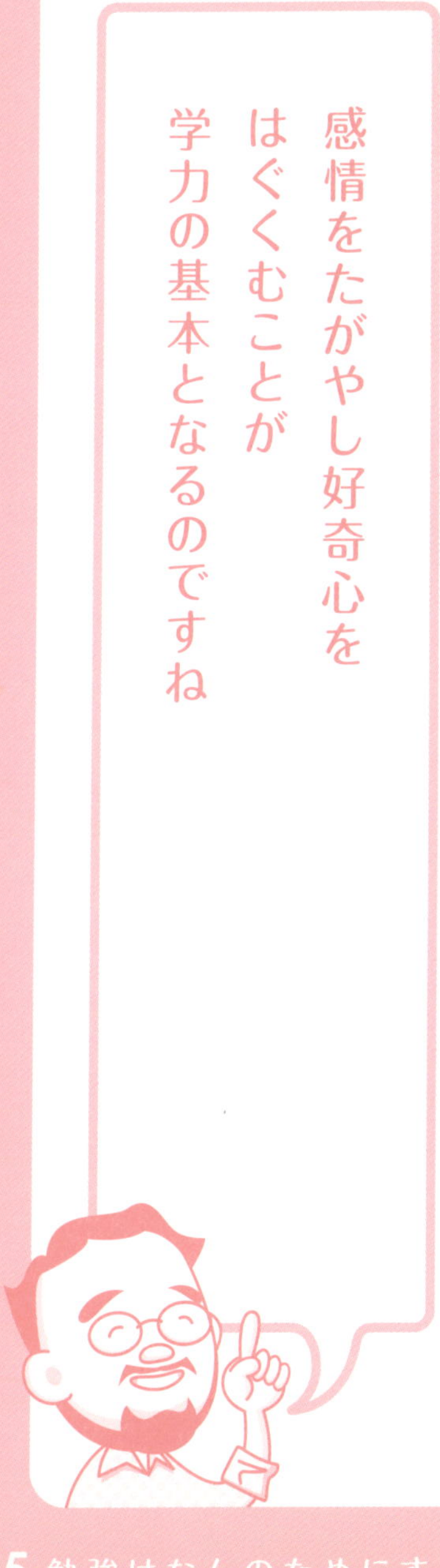
感情をたがやし好奇心を
はぐくむことが
学力の基本となるのですね

●著者紹介
汐見　稔幸（しおみ　としゆき）
1947年大阪生まれ。東京大学教育学部卒、同大学院博士課程終了。東京大学大学院教育学研究科教授を経て、2007年４月より白梅学園大学教授・副学長、10月から同大学長。2004年度から2005年度まで東京大学教育学部附属中等教育学校の校長を務める。専門は、教育学、教育人間学、育児学。教育学を出産、育児を含んだ人間形成の学として位置づけたいと考えている。また、３人の子どもの子育てにかかわってきた体験から、父親の育児参加も呼びかけている。
著書に、『０～５歳 素敵な子育てしませんか』（旬報社）、『子どものサインが読めますか』（女子パウロ会）、『学力を伸ばす家庭のルール』（小学館）、『子育てにとても大切な２７のヒント クレヨンしんちゃん親子学』（双葉社）、『父親力検定』（岩崎書店）、『親だから伸ばせる中高生の「学力」と「生きる力」』（主婦の友社）など多数。

汐見先生の素敵な子育て
「子どもの学力の基本は好奇心です」
2008年3月20日　第１刷発行

著　者　汐見稔幸
発行者　木内洋育
発行所　株式会社旬報社
〒112－0015　東京都文京区目白台２－14－13
TEL：03－3943－9911　FAX：03－3943－8396
http：//www.junposha.co.jp
企　画　株式会社ゆうエージェンシー
編　集　ワーカーズコープアスラン（松田容子・新舘衣吹）
編集協力　丸田　潔
印刷・製本　モリモト印刷株式会社

ISBN978-4-8451-1034-6

KARASAWA